Discover
ディスカヴァー

同じ勉強をしていて、なぜ差がつくのか？

「自分の頭で考える子」になる10のマジックワード

石田勝紀
Katsunori Ishida

はじめに

勉強というものが始まる小学校1年生から、成績を意識しはじめる中学生、そして大学受験と、多くの人が経験しているこの過程で、誰もが一度は疑問に思うこと――。

それは、**「同じ勉強をしているのに、なぜ差がつくのだろうか？」**というものではないでしょうか。

少なくとも、私はそう思っていました。高校1年生のとき、地元ではトップの県立高校に進学したこともあって、各地の中学校のナンバー1、2が集まっているため、はじめの1学期の中間テストでは猛烈に勉強しました。これ以上勉強できないぐらい、限界までやりました。

結果は、クラスで10位（40人中）。トップ高校でクラス10位ならいいのではないかと思われるかもしれませんが、これ以上勉強できないぐらいやっての成果だったので愕然としたものです。

その1～8位は女子で、9位が男子、10位が私。試験前にその女子たちは、「どうしよう～、全然勉強してない～」と言っています。素直な私は、「大丈夫～、ノート貸してあげようか？」と言いながら、心配してあげたものです。

なのに、試験が終わって、「何点だったの？」と聞くと「97点」と言うではないですか（私は76点）。その後、彼女たちの言葉は二度と信用しませんでした。

高校2年生のときは、運動部の部活に没頭していてどう見ても勉強しているように見えない友人、軽音楽の活動ばかりで勉強そっちのけの友人など、勉強時間が少ないと思われる友人たちに囲まれて毎日をエンジョイしていました。

しかし、友人たちは現役で難関大学に合格しました。でも、私は浪人……。

「なぜ？？？」

このような現実を目の当たりにすると、「きっと頭のつくりが違うんだ」「あいつは天才だから」などと、努力では乗り越えられないことを理由にして、自分を納得させるようになります。

そして、なぜ差が出たのかを考えることすらしません。こうして、格差が埋まらないまま時が過ぎていきます。

しかし、**実は「なぜ、同じ授業を受けていて、同じ勉強をしていて、差がつくのか？」には明確な理由があった**のです。

できる人は自然にできている。だから、明文化されてこなかった

それがはじめにわかったのは、20歳のときでした。私は勉強を人の2倍も3倍もしてきたにもかかわらず、この理由がわからなかったため、2浪しています。人生のどん底に落ちた2年でしたが、実はそれが人生の転機でもあったのです。

それは、あることを経験したからです。国語の偏差値が半年で倍増（40→70台後半）したのです。しかも、誰かに教えてもらったわけでもなく、どん底にあるときに「あること」が自然に行われた結果でした。

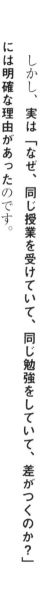

国語の成績が上がると、ほかの教科も驚くほど上がりはじめます。勉強時間は現役の頃に比べると、考えられないぐらい少ないにもかかわらず、「なぜ爆発的に上がる？？？」と思う一方で、「なぜ、これを誰も教えてくれなかったのか？　これがわかりさえすれば、勉強はもっと楽にできるようになるのに！」と思ったものです。

実は、**ある「物の見方を知る（思考のフレームワーク）」ことでこれが実現する**のですが、それは、なんと高校1年生のときの、あの女子たちがやっていたことであり、現役で難関大学に合格した友人たちがやっていたことだったのです。

彼らが、高校生の段階でそれができていたというのは驚くべきことです。しかし、**彼らは自然とできているため、自分でもそれが普通であると思っており、人に教えることはできない**のです。

そして、そのとき同時にわかったのは、**もともと、そのような見方ができる人もいるが、後天的に同じレベルまでもっていくことも可能**だということでした。

その後、私は20歳で起業し、塾をつくりました。それ以降、３５００人以上の子どもたちを指導してきてわかったのは、できる子どもたちがやっていたことが、まさに「同じ授業を受けていて、同じ勉強をしていて差がつく理由」だったのです。

さらに、これまでの30年の間に、私は私立中高の学校経営者として、また企業の一流経営者たちとの交流において、上場企業の研修・顧問という場で、あるいは東京大学大学院での学びの場を通じて、数限りなく多くの方と交わり、彼らの実態を知るにつけ、「同じ授業を受けていて、同じ勉強をしていて差がつく理由」が勉強の世界のみならず、ビジネスの世界を含め、さまざまな領域に共通していることがわかったのです。

結局、同じ勉強をしていて差がつく理由は何なのか？

差がつく理由はかなりシンプルです。シンプルであるだけに、人は意識すらしていないかもしれません。

そのため、明文化されることはなく、いつしか「もともと、できる人たち」の中に閉じ込められてしまっていたのです。そこで私は、これを2つのルートで公開してきました。

1つは、「差がつく理由」と「どうすれば、そのレベルに到達できるのか」の2点を、年間400回以上行っている講演会、「Mama Café」、研修会を通じてお伝えしてきました。

もう1つは、現在、私は「東洋経済オンライン」で120回以上連載しているのですが、このテーマで記事を書きました。そのときのタイトルは、「同じ勉強をしていて差がつく『本質的な理由』～できる子とあと一歩の子の意外と大きい違い」です。

この記事は私の**120回の連載の中で、過去最高の反響が得られることとなりました**（265万PV）。

その後、全国各地の方々からたくさんのメッセージや、数々の実践例と成果報告をいただきました。ここまで多くの方が変わっていくのであれば、さらに多くの方にその変化を体験していただきたいと思い、本書が誕生することとなりました。

差がつく理由を簡単にいうと、こういうことになります（くわしくは、第2章でお話しします）。

学びには3つのタイプがありますが、この3つのタイプを見ると、その差が何なのかがわかります。

【タイプ1】学んでいるように見えるが、学ぼうと思っていない人
【タイプ2】授業中・仕事中だけでしか学ばない人
【タイプ3】寝ているとき以外、日常すべてが学びになっている人

【タイプ1】や【タイプ2】の人が勉強をいくらがんばっても、【タイプ3】にかなうわけがありません。**寝ているとき以外、学んでしまっている**のですから。これこそが、その差を生み出す要因なのです。

では、どうすれば【タイプ1】や【タイプ2】の人が【タイプ3】になれるのか？

それを本書ではくわしくお話ししていきますが、**その方法の1つとして、誰でも簡単にできる「言葉（10のマジックワード）」を紹介していきます。**

10の「問いかける」言葉の力で、頭脳のスペックを引き上げることができるのです。

ぜひ、勉強は量ではなく質だということを実感していただき、そしてお子さんの自己肯定感も上げていってほしいと思っています。

すべての人が自己肯定感を持てる社会にするために

子どもも大人も、自分に自信を持っていない人が少なくありません。理由はさまざまあるでしょうが、その1つに「勉強や仕事ができない」があるのではないでしょうか？

特に、「勉強ができない自分＝ダメな自分」と錯覚し、自己肯定感が下がったままの中学生、高校生が世の中にたくさんいます。

「高校生の生活と意識に関する調査」における国際比較

◎私は人並みの能力がある

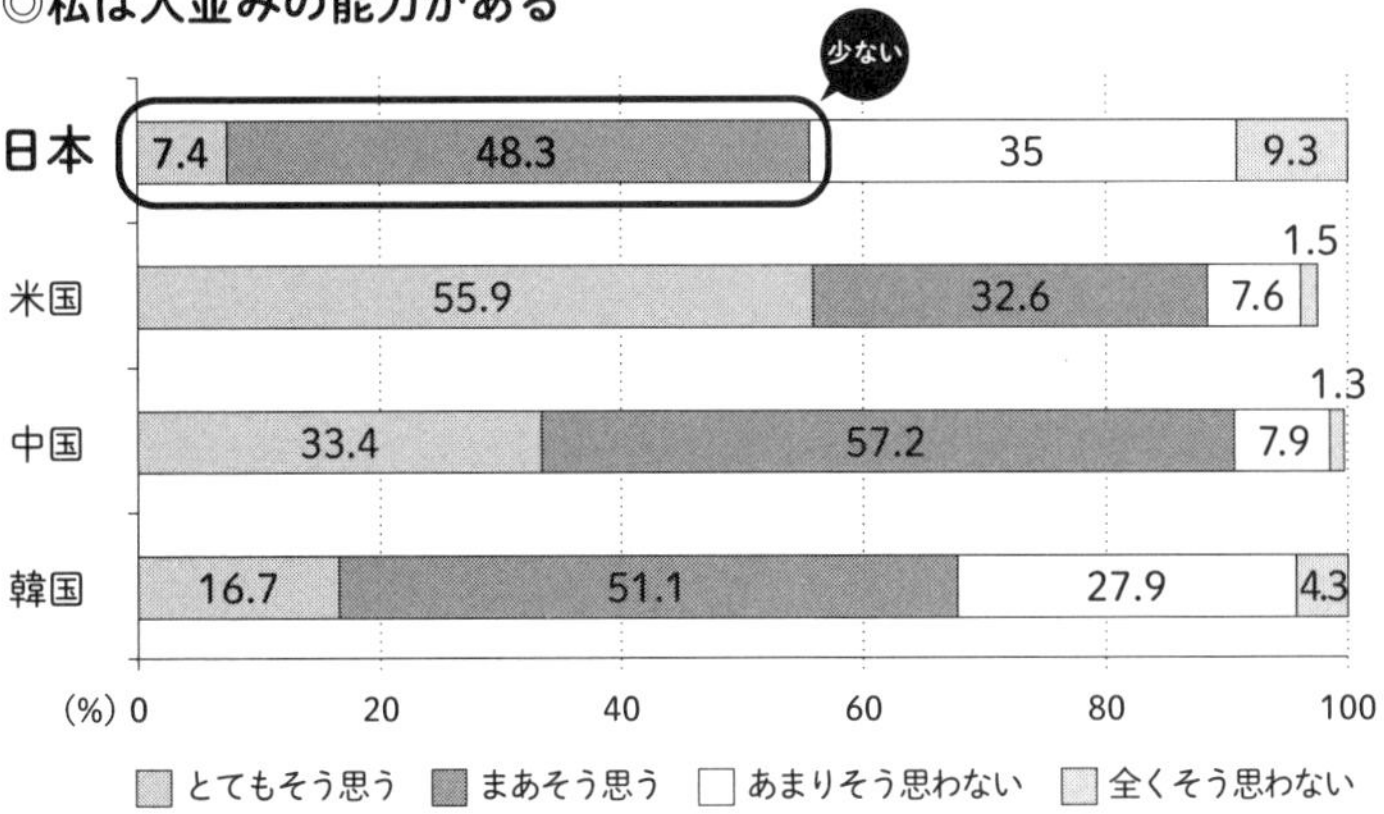

◎自分はダメな人間だと思うことがある

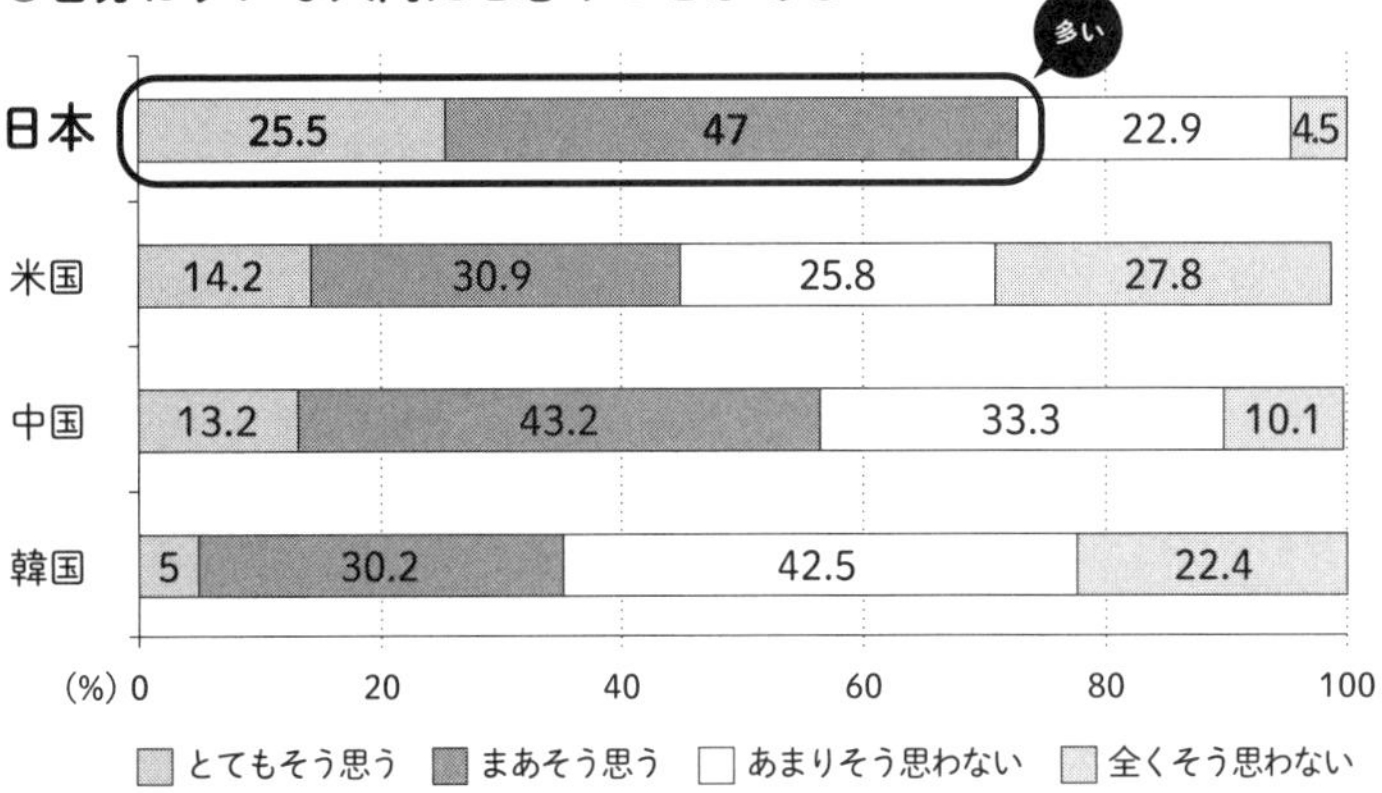

※平成27年（独）国立青少年教育振興機構　調査対象：高１～３生

自己肯定感の低さは統計データにも現れている（前ページのグラフ参照）のですが、おそらく勉強でつぶされてしまったことが理由なのではないかと考えられます。

大人でも仕事ができない人は、自己肯定感が低いことでしょう。いつも「仕事ができない人間」と思われて出勤するのはつらいに違いありません。

しかし、**実は「勉強ができない」「仕事ができない」というのは単なる錯覚であることが少なくありません。**一度の失敗で、このような錯覚に陥ってしまい、「ダメな自分」を勝手につくり出している場合もよく見られるのです。

これまでは、勉強の世界でも、仕事の世界でも、スポーツの世界でも、できるようになるためには、20世紀型の「気合い、根性、努力」が必要という考え方が支配していました。

これは「量の論理」です。実際、努力が〝足りない〟と言われるのは、そのことを物語っています。

しかし、たくさん努力すれば、必ずできるようになるというものではありません。**ある物の見方（思考のフレームワーク）ができなければ、いくら努力したところで何も変わらない**のです。

本書をお読みいただくことで、これまで明らかにされてこなかった、「同じことをやっていて差が出る理由」を知り、子どもたち、部下たちにもそれを適用していってあげてください。

子どもの学力のことで悩んだり、部下について憂えたりするのはもうやめましょう。
また、自分にダメ出しをする必要もありません。

それでは、これからしばらくの間、おつき合いください。

石田勝紀

同じ勉強をしていて、なぜ差がつくのか？「自分の頭で考える子」になる10のマジックワード　もくじ

第１章

同じ環境・条件なのに、なぜ〝できる人〟と〝できない人〟に分かれるのか

第２章

「学び」の３つのタイプとは？

第３章

できる人は「頭のつくり」が違うのか？

第4章

「意味が理解できる人」と「意味が理解できない人」の決定的な違い

第5章

OSをバージョンアップするアプローチ1

「疑問を持たせる」

「頭脳のOS」を
バージョンアップする
「10のマジックワード」

1 「原因分析力」をつくる →「なぜだろう？」

2 「自己表現力」をつくる →「どう思う？」

3 「問題解決力」をつくる →「どうしたらいい？」

4 「抽象化思考力」をつくる →「要するに？」

5 「具体化思考力」をつくる →「たとえば、どういうこと？」

6 「積極思考力」をつくる →「楽しむには？」

7 「目的意識力」をつくる →「何のため？」

8 「原点回帰力」をつくる →「そもそも、どういうこと？」

9 「仮説構築力」をつくる →「もし～どうする（どうなる）？」

10 「問題意識力」をつくる →「本当だろうか？」

第１章

同じ環境・条件なのに、なぜ〝できる人〟と〝できない人〟に分かれるのか

第1章では、「同じ環境・条件のもとでも、『できる人』と『できない人』に分かれてしまう」事例についてお話ししていきます。

きっとみなさんにも、心当たりのある話がいくつかあることでしょう。ぜひ、周囲の人々のことを思い浮かべながら読んでみてください。

【ケース1】同じ授業を受けて、同じ勉強をしているのに、難関大学に合格する子、失敗する子

昔、みなさんの周りに、何でもこなす友人はいなかったでしょうか？

たとえば、中学生の頃、勉強ができるのはもちろん、音楽も美術も、そして体育もできる。学級活動でもリーダーとして率先し行動する友人……。

私にも小学校時代、このような友人がいました。彼は、「勉強ができる」のレベルが違っていました。

その彼は、国語の時間に寝ているところを、先生に当てられて「次を読みなさい」と言われても、そのまま教科書を見ずにスラスラと読んでいました。そんな姿にクラスはどよ

めき、彼は神だとクラス中が思っていました。

しかし彼は、ほかの教科も当然できていたのに、なぜか私と同じ、地元の不良が多い公立中学校に進学しました。彼ぐらいの頭脳があれば、中学受験でトップレベルの難関校にたやすく合格できようものだったのですが……。

そしてその中学校では、彼は生徒会をやっていました。不良がたくさんいる学校（1学年400人中、80人が不良）だったので、どのように弱肉強食の世界で生きていくのかを見ていると、なんとその不良たちと仲良くしているではないですか！

彼はいじめられるということも一切なく、中学校生活をエンジョイしていました。中学でも学力はトップレベルを維持しており、その後、地元の公立トップ高校に進学しました。

私もその高校に進学したので、その後の彼の様子もよく知っています。彼は高校在学中に1年間海外留学したのち、日本でも有数の難関大学（一橋大学）に合格したのです。

一方、私は小中高と、彼と同じような道をたどりながらも、その後、勉強では苦労し、大学受験では2浪してしまいました。

私は彼と、学校でも塾でも同じような勉強をしていたのに、なぜこうも差がついたのか？

——私は生来の、頭のつくりが違うのだと思っていました。

しかし、**その後、あることがきっかけで、私は意外な原因を突き止めます。**

【ケース2】自転車に10回の練習で乗れる人、100回練習しても乗れない人

みなさんも、子どもの頃に自転車の練習をしたことでしょう。少し練習しただけで乗れるようになりましたか？　それとも、いくら練習してもなかなか乗れなかったでしょうか。

親になり、自分の子どもが自転車の練習をするときになってはじめて、「この子はすぐに乗れた」とか、「この子は乗れるようになるまで随分と時間がかかった」と、子どもによって差があることがわかります。

でも、差がついた理由は〝運動神経〟の問題だと処理し、そのまま何も疑問を持つことなく過ぎていきます。

しかし、一度乗り方の説明を聞いただけで、10回ほど練習してすぐ乗れる子もいれば、ずっと乗れないままの子もいます。

これと同じことが、鉄棒や跳び箱でも起こるのであれば、〝運動神経〟の問題だと錯覚しても無理はありません。しかし、自転車にすぐ乗れる子は、楽器を教えればすぐに使いこなし、算数を教えればスラスラと解けるようになったりします。

楽器や算数に、〝運動神経〟は関係ありません。では、この差がつく理由はいったい何なのでしょうか？

【ケース3】先生の話を一度で理解できる子、理解できない子

学校で、先生の話を1回聞いて理解できる子と、そうでない子がいます。

1回で理解できないのは、別に悪いことではありません。何回も聞いて、理解できさえすればいいのですから。

しかし、今ここで考えたいのは、どうして1回で理解できる子とそうでない子がいるのかということです。その理由はさまざま考えられます。

たとえば、先生が説明に使っている言葉を知っているか知らないかで差がついているということがあります。語彙《い》（ボキャブラリー）の差は確かにあるでしょう。

また、集中して先生の話を聞いているかどうかによって差がつくということも考えられます。さらに、そもそもやる気があるかないかで差がついているのかもしれません。

これらの理由も確かにあることでしょう。しかし、**同じような条件（語彙力、集中力、やる気）なのにもかかわらず、理解度に差が出ているという事実は否めません。**

では、これら以外のどこで、差がついてしまったのでしょうか？

【ケース4】 国語の勉強ができる子、できない子

みなさんの中で、国語が得意だったという人はどれくらいいるでしょうか？　私は何を

隠そう、小中高時代、実に12年間にわたって国語ができない子でした。

しかし、「はじめに」でもお話ししたように、その後、あることがきっかけで、20歳のときに国語力が急激に伸びた経験を持っています。

そしてその結果、国語ができない子が見ている文章の世界と、国語ができている子が見ている世界の両方を知ることができたのです。

同じ文章を読んでいても、国語ができる子とそうでない子では、まったく異なるものを〝見て〟います。それが「読解力」の差なのですが、なぜか世の中に明らかにされません。

それはなぜかというと、国語を指導する先生は、一般的には国語ができる人だからです。しかも、元文学少年、元文学少女だったりします。つまり、小さいときから本を読むことが好きで、それが高じて国語の先生になったというケースが非常に多いのです。

そのような先生は、国語の問題がわからないという子に対して、「文章を読めばわかるよね」と言ってしまうことがあります。

先生は文章を読めているので、子どもたちには〝読めていない〟ということがわからな

いのです。

そもそも、「読めていない」とはどういう状態なのかがわからない。世に言う、「名選手は必ずしも名監督ならず」というものです。指導者に向いている人は、できない経験とできる経験を両方している人であるといわれる所以《ゆえん》は、こういうところにあるのです。

それにしても、同じ授業を受けているのに、なぜ国語ができる子とできない子に分かれてしまうのでしょうか?

【ケース5】海外に行ったときに、多くのことを吸収する人、しない人

最後に、大人の事例もご紹介しておきましょう。かつて、ある中高一貫校の校長先生と海外視察に行ったときの話です。

校長先生とボストンの街を歩いているとき、彼は街にあるさまざまなものに興味を示し、それについて自分の意見を語っていました。

私は異国の景色に圧倒されていただけでしたが、その校長先生が受け取った情報量は私が受け取った情報量と比較にならないくらい多いものだったと思います。

その証拠に、ツアーが終わったときの懇親会で、各自が視察の感想について話す場がありましたが、その校長先生が話していた情報量に圧倒されたものです。

また、ある高名なお坊さんと海外旅行に行ったときです。そのお坊さんの博学ぶりにも驚かされましたが、彼の得ている情報量の多さにも驚いたものです。同じ街を一緒に歩いているにもかかわらず、です。

しかも地理を即座に把握し、街のカフェの位置も記憶にとどめていました。30分ぐらい歩いてから、「石田さん、今来たところの○○通りに3軒、小洒落《こじゃれ》たカフェがあったけど、どこにしようか?」と言ってきたり(私はほとんど記憶に残っていない)、街を1時間ほど歩いただけで、この街の特徴を読み取ってしまうのです。

きっと、同じ海外旅行をしても、彼は私の10倍以上の情報を受け取って帰っているのでしょう。

この差の背景は、いったい何なのでしょうか?

＊

以上、同じような環境、条件にもかかわらず、「できる人」と「できない人」に分かれてしまうケースを取り上げてきました。ここに挙げた例以外にもたくさんあることでしょう。

私たちはこれまで、その理由について、それこそ「考える」ことをしてきませんでした。その理由が明らかになり、しかも誰もが「できる人」になるステップを知ることができたら、**これまでとは異なった世界が〝見える〟ことになります。**そうなれば、好奇心が引き出され、自分がやりたいことも見つかるでしょう。

子どもたちも、学力が向上するのみならず、自分の才能と出会う可能性も高くなるのです。

東大生は、なぜ「一を聞いて十を理解できる」のか？

この章の最後で、「差を生み出す要因」についてお話しする前に、その核心的部分のヒントとなる存在をご紹介しておきましょう。

それは、「東大生」です。

私は、東京大学の修士課程、博士課程に在籍していたとき、数限りない東大生と出会いました。

彼らと話をしていると感じることがあります。それは、話をするのがとても楽だということです。なぜなら、彼らは一を聞けば意味を理解してくれて、十まで膨らませてくれるからです。「一を聞いて十を知る」の言葉のとおりです。

ですから、誤解がないように説明する必要はありませんし、補足説明も不要。だから、話をするのがとても楽だったのです。

そんな東大生の頭の構造は、いったいどうなっているのか、当時は驚嘆していたものです。

ちなみに、私はよく講演会で「東大生に共通する3つのこと」という話をします。ここでは、その3つについて触れておきましょう。

【東大生に共通する3つのこと】

1　ボキャブラリーが豊富

2　集中して人の話を聞く

3　自らの意見を必ず語る

1は、よくわかると思います。とにかく言葉をよく知っています。

本から学んだことも考えられますし、受験勉強を通じて語彙を獲得してきた可能性もありますが、いずれにしても、1つのことを表現するのに、いくつもの言葉を知っているため、言い換えて説明することができます。

2は、特に顕著です。こちらが大した話をしていないにもかかわらず、集中して話を聞いてくれます。申し訳ないぐらいよく聞いてくれます。

実は、人の話をよく聞くということは、それだけ集中力を発揮することでもあります。つまり、つねに集中して〝聞いて〟いるのです。

集中力と記憶力は比例関係にあるため、彼らの記憶力がずば抜けていることの背景の1つには、この「話をよく聞く」ことが挙げられます。

3も、顕著な傾向です。人の話をよく聞くと同時に、その内容について自分なりに咀嚼《そしゃく》し、自分の考えを話します。

それほど重要ではない日常の些細な話やテーマに対してでも、この傾向を持っています。

このようなことが日常からできているのですから、学校や塾の授業で、たまたま目の前にある国語や数学といった問題に対しても自然に行われているであろうことは容易に想像できます。

つまり、**彼らにとって勉強は生活の一部であり、日常の友だちとの会話も、授業中のやり取りも同じ**なのです。

具体的にどういうことなのか、次の章でお話ししていくことにしましょう。

第2章

「学び」の3つのタイプとは？

なぜ、トップになれる子となれない子がいるのか？

「はじめに」でもお話ししましたが、本書は「東洋経済オンライン」に書いた記事がもとになっています。

その記事は、私がこれまで120回以上書いてきた記事の中でも、累計265万PV、Facebookでも4500以上（過去最高記録）の「いいね！」を得るなど、最も大きな反響が得られることになりました。

本章の話題に入る前に、そのときに掲載された記事を転載しますので、まずはご一読ください。

質問

いつも記事を興味深く拝見しております。今回は、私の相談でご連絡しました。うちには中学3年の娘と中学1年の息子がいます。2人とも学校の授業をしっかりとやっており、塾にも通っているので、成績はまずまずの上位ではありますが、トップクラスではありません。

私から見ても一生懸命やっているようですが、どうしてもクラストップ(1位や2位)にはなれないようです。

「同じように学校の授業を受けていて、塾も同じクラスも同じで、まったく同様の授業を受けている別の友人はトップの成績が取れるのに、どうして自分はトップになれないのか」とぼやいています。

どうしたら、そのトップの子のようになれるのでしょうか? 何かよいヒントでもありましたらお願いします。

(仮名:嵯峨さん)

回答

嵯峨さん、お便りありがとうございます。

「なぜ、同じ授業を受けていて差がつくのか?」、とても良い視点ですね。ここには、非常に重要な本質的問題があります。

中高時代に、クラスでよくできる生徒がいて、「同じ授業を受けていて、なぜあいつはできるのだろうか。塾へ行っていても、同じ授業を受けているにもかかわらず、彼我の差がついてしまう。いったいなぜ？　自分もしっかり勉強をやっているのに……」。

こういう思いは、誰しも一度や二度、したことがあるのではないでしょうか？

これに対して、「やっぱり頭の構造が違う」「血統が良い」「遺伝だ」など、理由を努力しても到底手に入らないことに置いて、今の自分を擁護したりします。

もちろん、こういう理由も可能性としてはあります。一部の天才的な子はそうかもしれません。

しかし、そのような子が存在する確率は非常に小さいはずであり、身近にたくさんいるものではありません。

次に考えられるのは、「勉強方法が違う」という理由です。確かに、勉強にはできるようになるメカニズムというものがあり、それに沿えば誰でもできるようになっていきます。

これまでも私の書籍、記事などで勉強方法について述べてきましたので、くわしくはそちらに譲りますが、嵯峨さんのお子さんの場合は、ある程度成績が取れていますから、方法が大きく違っているということは考えにくいですね。

テスト勉強の詰めが甘いとか、テスト中の見直しの仕方が違っているということは考えられますが、おそらく本質的問題はそこではないでしょう。

では、同じ授業を受けていて、差がついてしまう理由は、何なのでしょうか？

私は、これまで３５００人以上の生徒を直接指導し、さらに東京大学大学院で通算６年を超えて周囲の東大生にヒアリングした結果、あることに気づきました。

これが今回、私がお話ししたいことなのです。

では、結論から先に言ってしまいましょう。簡単に言ってしまえば、

「できる子は、勉強時間以外も学んでいる」

ということです。

彼らは、つねに「学んで」いるのです。ですから、表面的な授業時間で差がついているのではありません。

では、もう少しわかりやすくお話ししましょう。

「学び」のタイプには、大きく分けて3つあります。

①**授業を受けていても学んでいない人**
②**授業だけが学びの人**
③**寝ているとき以外、日常すべてが学びの人**

の3つです。

①授業を受けていても学んでいない人

いますよね、こういう子。かくいう私も、例外ではありませんでした。「本当に真剣に授業を受けていたんですか？」と問われると、「はい」とは言えません。

椅子には座って、黒板に書いてあることを書き写す〝作業〟を黙々と行う。そして、たまに先生の雑談が入ると「聞く耳スイッチ」が入り、よく話を聞く。そしてまた授業に入ると、再び自動書記が始まる――。

これが、実は多くの人が経験していることではないでしょうか。子どもたちにとって、非常に多くの時間を占める授業時間をこのように過ごしていたのでは、話になりません。

この割合は、正規分布でいえば全体の69％になります。つまり、5段階評価でいえば3以下を取る層です。

②授業だけが学びの人（勉強の場だけが学びの人）

これは、授業をしっかりと受けて学び、さらに家で予習復習や宿題など、勉強する時間はしっかりと学んでいる人をいいます。

このような生徒は、公立の学校では比較的上位の成績が取れます。なにしろ、多くの生徒が上記のタイプ①のパターンですから。

嵯峨さんのお子さんは、この層に入るのではないでしょうか。ですから、クラスで上位の成績は取れているのだと思います。

全体に占める割合は、正規分布でいうと24％です。一般にこの層は、5段階評価でいえば4のレベルまではいきます。

③寝ているとき以外、日常すべて学びの人

このような人が最もできる人になります。本当にいるのかと思われるかもしれ

ません が、います。
東京大学には、たくさんいます。彼らは、**人と話をするときも、テレビを見ているときも、街を歩いているときも、感じ、考え、自分の意見を持つ習慣を持っています**。それによって、教養が深まり、考える力が深まり、記述力や小論文といった自己表現力もつくのです。

たとえば、家から駅までの間を歩いている場合でも、普通は大きな変化がなければ何も気づきませんが、**このタイプ③の人は、非常に多くの気づきを得て、そこから考えたりする**のです。

ですから、得られている情報量が①や②のタイプの人とはまったく異なります。それは、このようなタイプの人と一緒に旅行に出かけてみるとわかります。①のタイプと③のタイプとでは、経験から得られる知識量に雲泥の差がついているのではないでしょうか。

この層の人は正規分布でいえば、全体の7％にあたります。いわゆる5段階で5の層です。

このように考えると、同じ授業を受けていても差が生まれるのは、当然のことなんですね。

授業中のあり方もそうですが、**日常のあり方に大きな差がある**のです。

では、どうすればこのタイプ③になれるのでしょうか？

そのためには、**「気づく楽しさ」「知る楽しさ」「考える楽しさ」を知る必要があります。**

でも、そう簡単に、そのような楽しさを知ることはできないかもしれません。

しかし、私がこれまでたくさんの子どもたちを指導してきてわかったよい方法があります。

それは、**「人と違う意見を発言させる」**ということです。

そのとき指導的立場にある人は、**「別の見方ない？」「別の意見ない？」**などと、通常とは異なることを考えるよう誘導してあげる必要があるでしょう。

このような促しによって、人は自然と「気づき→知り→考える」ようになっていきます。

その際、出てきた発言内容に対して、絶対に否定をしないようにします。**これらのことを習慣にすると、頭の構造が変わってきます。**

嵯峨さんもお子さんに、日頃から「人とは違った考え」を持たせるように会話されてみてはいかがでしょうか？

これが習慣化されると、学力にも大きなインパクトを与えるようになっていきます。

なお、この記事を出した段階では、タイプ③になるための方法として「人と違った考え」にフォーカスする回答を書きました。

これは、私が塾の経営者として子どもたちに指導していたときの手法を、例として1つだけ出したものですが、実はこの記事では書けなかったさらに「深い本質的な方法」があります。

この記事で出てきた**「3つの学びのタイプ」こそが、同じ環境・条件でも成果が異なる理由**なのですが、さらにくわしく説明していきましょう。

【タイプ1】授業を受けていても学んでいない人

1つ目の学びのタイプは、「**授業を受けていても学んでいない人**（学んでいるように見えても、学ぼうと思っていない人）」です。

たとえば、次のような子です。

●席について授業を受けているが、授業の話をほとんど聞いていない子

●席に座って一応授業は受けているが、黒板に書いてあることをただ写経のように書き写しているだけの子

この「タイプ1」は、まったく授業内容を聞いていないわけではなく、雑談時や先生が面白いことを言ったときのみスイッチが入ります。

そのため、知識は断片的となり、それが頭に体系的に格納されることはなく、一過性の〝体験〟で終わります。

「タイプ1」を、ビジネスマンのケースで考えてみましょう。このタイプは、仕事は仕事として割り切っており、与えられた仕事以上のことについては考えていません。

また、できる仕事はマニュアル化されたルーティンワークどまりで、特にそれ以上のことを学びたいとは思っていないようです。

【例外】学ぼうとしていないにもかかわらず、高い結果を出す人がいます。これを「天才型能力を持つ人」といいます。

このような「天才型」の人は、一見、人の話を聞かず、学ぼうとせず、自分の世界に入っているように見えます。しかし、実はすべて聞いていて、頭の中で〝勝手に体系化〟していき、知識としてもインプットしてしまいます。

ただし、このケースはめったにいない「例外」として受け止めておかないといけません。

【タイプ2】授業だけが学びの人

2つ目のタイプは、授業だけが学びの人、仕事中にだけ学んでいる人を指します。このタイプも実際は多いことでしょう。いわゆる真面目に授業を受ける人、真面目に仕事をする人です。

このタイプであれば、人から信頼されますし、そこそこの成長が期待できます。いわゆる世の中の常識人といわれる人たちがやっている学びです。

もちろん、この学びのタイプは悪くありません。悪いどころか、これが世間的には「良いこと」とされ、学校でも職場でも円滑な生活を営むことができるでしょう。

しかし、**このタイプの人にはいずれ限界がやってきます。**それは、**子どもであれば勉強している時間、ビジネスマンであれば仕事をしている時間でしか学んでいない**からです。

このタイプの人には、次の3つの特徴があります。

①「両立」という言葉をよく使う

子どもであれば、「勉強と遊びの両立」とか、「勉強と部活の両立」というように使います。ビジネスマンであれば、「仕事とプライベートの両立」という表現をよくします。

「両立」というからには、それらを分けて考えているのであり、それゆえそれらのバランスをどう上手にとるのかが、このタイプの人々の課題になります。

②「気合い」「根性」「努力」が是だと考えている

もちろん、これらの言葉が悪いわけではありません。とても美しい言葉ですが、**残念な**

から精神論で動いているため、いつまでも持続させるのはとても難しいことです。

つまり、やる気が萎えれば、即落ちていくというリスクをはらんでいるということです。

ちなみに、「気合い」「根性」「努力」は20世紀型（昭和型）のキーワードであり、この21世紀には似つかわしくない言葉になりつつあります。

③トップになれない自分を責める傾向にある

「タイプ2」の人がいわゆるトップまで上り詰めることは極めて稀です。努力をすれば報われると思って努力をしますが、そこそこのレベルで終わる傾向にあります。

10段階評価でいえば、9まではいくが10は取れないという状態です。

そして、努力してもトップになれない自分を卑下したり、罪悪感を持ったりすることがあります。ごく稀に、劣等感が変容し、嫉妬に変わる場合もあります。そして最後は、あきらめに変わります。


このように、**学ぶ場においてのみ学んでいる人には「限界」というものがあります。**

もちろん、このタイプの人たちがみな頂点を目指すということはありません。ほどほどの人生でいいと決めて生きていくのも1つのあり方です。
しかし、劣等感を持っていたり、頂点にいる人に対して嫉妬心を持っていたりしたら、心の中に努力しても報われない自分を見ていることになるので注意が必要です。

【タイプ3】寝ているとき以外、日常すべてが学びの人

3つ目のタイプは、起きている時間がすべて学びとなっている人です。「タイプ2」の「学ぶ場でしか学んでいない人」とは、**学ぶ時間の絶対量が異なります。**

子どもの例で見てみましょう。学校で一日6時間勉強したとします。さらに帰宅後、自宅での勉強を1時間、塾での勉強を2時間としましょう。

これはかなり勉強しているケースですが、それでも一日で9時間にしかなりません。

しかし、起きているときすべてが学びになっている「タイプ3」の人は、睡眠時間を8時間としても16時間は学んでいることになります。テレビを見ていても学び、登校下校の

最中も学び、友だちと遊んでいても学び、親とコミュニケーションを取っているときも学び、ゲームさえも学びになっているとしたら、このような人にかなうわけがありません。

「タイプ3」のビジネスマンであれば、通勤途中、帰宅途中、昼休み、休日、趣味、夫婦や子どもとのコミュニケーション中、カフェでゆったりとしているときですら、何かを考え、学んでいます。

このような人は、OFFタイムで得られたアイデアや思考、スキル、方法を、ONタイム、すなわち仕事をするときに自然と応用できています。つまり、表面的なONとOFFはあっても、意識・無意識の世界では境目がないのです。

子どもにおいても、机の上で勉強することだけが学びであると勘違いしている子が多く、親も子どもが机で勉強している姿を見ると安心するという謎の現象も起こっています。

しかし、それは学びの一部であって、**本当に勉強ができる子は、机上の勉強以外の学びが圧倒的に多く、それが机上の勉強へと応用されている**のです（これを学習科学の分野でいえば、「意図的学習［勉強しようと思って勉強している］」だけの「タイプ2」と、「偶発的学習［出来事からも学んでしまう］」までやっている「タイプ3」という分類になります）。

このような「タイプ3」の人は、数の割合から見れば少ないものの、これまで私が指導してきた子どもたちの中にも一定数いましたし、私の知人であるビジネスマンの中にもいます。

彼らはそれぞれの分野でそれぞれ圧倒的な能力を発揮し、しかも勉強を楽しむ、仕事を楽しむ、人生を楽しむことが普通にできてしまっているのです。

「タイプ1・2」の人は、「タイプ3」にバージョンアップできるのか？

そこで、次なる疑問が出てきます。

「タイプ3の人は、特別な星の下に生まれた人なのか？」

確かに特別な人だから、普通の人から見たら離れ業のようなことができるのですが、実は**「タイプ1・2」の人を後天的に「タイプ3」の人へとバージョンアップできることがわかっています**。

それを行うためには、あることがわからなければなりません。

それは、**「タイプ3」はなぜ、寝ているとき以外学ぶことができるのか**という「謎」です。

しかし、この謎は意外とシンプルに解けてしまいます。それが本書の最大のねらいなのです。

その謎が理解できたら、ぜひご自身を、そして子どもを、部下を「タイプ3」にバージョンアップしていってください。しかも、それほど難しいことではありません。

それでは、次の章で、「タイプ1・2」と「タイプ3」が異なる「秘密」について、くわしくお話ししましょう。

第3章

できる人は「頭のつくり」が違うのか？

第2章の最後で、「できる人はなぜ、寝ているとき以外学ぶことができるのか?」という話をしました。

彼らは、おそらく地頭がいいのだろうということは容易に予想がつきます。誰に教わったわけでもないのに、起きているときはすべてが学びになっているのですから。

私は、「日常すべてが学びの人」というのは、わかりやすくたとえると、**「頭脳のOSのバージョンが高い人」**だと思っています。

「頭脳のOS?」「バージョンって何??」と思われたかもしれませんね。

この「OS」という言葉は、現代ではITの世界で当たり前のように使われているものです。最近ではスマートフォンの普及などにより、OSという言葉をよく使う人も増えてきました。

では、この「OS」とは何か、ということからお話ししていきましょう。

「頭脳のOSのバージョンが高い」とは？

「OS」とはパソコン用語で、「オペレーティング・システム」の略です。たとえば、WindowsやMacOSのようなものです。スマートフォンにも入っています（iOSとかアンドロイド）。

これに対するものに、「ソフトウェア」があります。通称、「ソフト」と呼んでいるものです。たとえば、ワード、エクセル、パワーポイントなどを指します。スマホの場合は「アプリケーション」（アプリ）ともいいます。

すごく単純化してまとめると、パソコンには「OS」と「ソフト」の2つのものが必要だということです。

OSがないと、このソフトやアプリを起動させることができません。そこで、次のようなことを考えてみてください。

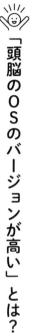

たとえば、WindowsというOSがあります。WindowsのOSが最初に誕生し、世界に普及したのは1995年でした。なので、この年に出たOSを「Windows95」といいます。ここから世界にIT革命が起こったと言っても過言ではありません。全世界のパソコンに占めるWindowsのシェアは圧倒的です。

では、ここで問題です。Windowsの初期版・Windows95に、最近のワープロソフトである「Word2019」をインストールできるでしょうか？

はい、不可能ですね。25年前のOSに最新のソフトがインストールできるはずがないことは、経験上容易に想像できます。

仮に古いOSに新しいソフトが入ったとしても、すぐにフリーズ（固まって動かない状態）するはずです。

当然、最新版のOS、Windows10であれば、どのような新しいソフトでもインストールが可能で、サクサク動くことでしょう。

これで、OSとソフトの関係についておわかりいただけたでしょうか？

つまり、こういうことです。

OSにもソフトにも「バージョン」があり、適切な組み合わせでないとソフトは稼働しないということなのです。

ソフトを無理やりインストールする親、OSがフリーズする子ども

実は、人間の頭脳もパソコンのOSにたとえることができます。パソコンのOSに対応するものが、人間の頭脳にもあると考えてみてください。

人は日々、ソフトのインストールをしています。子どもを例にして考えてみましょう。子どもの場合、このソフトにあたるものが、英数国理社などの勉強の科目です。子どもたちは学校で多くの科目を勉強していますが、これは別の表現をすれば、**「科目という名のソフトをインストールしている」**といえます。

しかし、ここで次のような問題が生まれます。

「OSのバージョンが高い子は、どのようなソフト（科目）でもインストールできるが、OSのバージョンが低い子は、ソフトをインストールできないか、フリーズを起こしてしまう」

小学校の学習内容が対応できるOS搭載であれば、小学校時代は問題ありませんが、中学の内容でフリーズを起こします。

中学の学習内容まで対応できるOS搭載であれば、中学校時代は問題ありませんが、高校の内容でフリーズを起こします。

ソフトに対応可能なOSであればフリーズを起こしませんが、**フリーズを起こしてしまう子は、頭脳のOSバージョン以上のソフトに対応できていない**ということなのです。

さらに、科目という名のソフトは毎年バージョンアップしていきます。たとえば、「中1数学」「中2数学」といったようにです。

では、OSはいかがでしょうか？　OSも年齢が上がるにしたがって、徐々にバージョンアップはしていきます。

しかし、Ver.1→Ver.2と毎年上がる子もいれば、Ver.1→Ver.1.1となったり、あるいはVer.1→Ver.1.01となる子もいます。

つまり、マイナーチェンジだけの子と、フルモデルチェンジしながらOSのバージョンを上げていける子がいると考えるといいでしょう。

これが、「学力の伸びの正体」なのです。

しかし、家庭ではそれぞれのソフト（科目）をなんとかインストールしようと強制的に勉強をやらせたり、塾に入れたりとさまざまな手段をとります。

しかし、**OSのバージョンが上がっていないのに、新しいソフトを詰め込もうとした結果、何も変化は起こらないどころか、OSがフリーズしてしまっている**のです。

それでも、親にはＯＳという概念がないため、目に見えるソフトのインストールをさせ続けているのです。

ＯＳのバージョンは、どの段階で決まるのか？

ここまでの話を読んでみていかがでしょうか？「ドキッ」とした人もいるかもしれません。

しかしここで、さらに「ドキッ」とする話をします。

パソコンは出荷段階で、ＯＳのバージョンがすでに決まっています。たとえば今、パソコンを買えば「Windows10」というＯＳが入っているでしょう。

そしてそのパソコンを購入すると、その後メーカーがＯＳのバージョンアップを「アップグレード」という形で提供してくれます。それによって、購入したときよりもＯＳのバージョンを上げていくことが可能です。

では、人間の場合はどうでしょうか?

パソコンのOSが出荷段階で決まっているように、人間も〝出荷段階〟でOSが決まっているのでしょうか?

これについては人間も、どのバージョンのOSを搭載しているかが、生まれた段階で決まっているのではないかと思われます。

一般に、多くの人が「地頭は生まれつきではないか」と思っていることと同じです。


地頭に関する直接的な学術的文献は少ないのですが、それに近い研究として「知能に関する遺伝と環境の研究」があります。

それによると、「知能は遺伝による影響」という文献もありますが、一方で「その後の環境によって変異する」という文献もあります。最近では、「論理的推論能力」「空間性知能」といった能力は遺伝の影響が70%近くあるという研究もあります(出典:安藤寿康『遺伝マインド』有斐閣)。

一方、アメリカの心理学者・ジェンセンによれば、**「遺伝と環境は相互に作用する」**といわれており、現代ではこの考え方が一般的です。

あくまでも、環境によって遺伝的特質が開花するかどうかが決まるということであり、能力は生得的であると同時に、それは後々の与えられた環境によっても変化するということです。

このことは、頭脳のOSについても同様のものではないかと推測できます。つまり、**頭脳のOSは、生得的にそのバージョンは決まっているが、後天的環境によって変化していくのではないか**ということです。

確かに、生まれつき才能に差異があるということは、将棋がプロ級の子やスポーツで卓越した能力を発揮する子、さらには芸術分野で才能を発揮する子を見れば想定できます(もちろん、その後の才能が開花する環境とトレーニングがあったことは事実です)。

また、いわゆる「飛び級」をして学問の分野で活躍する子どもたちもいます。そこまで卓越していなくとも、私がこれまで子どもたちを3500人以上直接指導してきた経験では、小学校4年生の段階で中学・高校並みの能力を発揮する子など、どう考えても、通常の教育の力だけで伸びたとは考えられない子と出会ってきた例が数多くあります。

この子どもたちは、周囲から「特別な子」として認識されています。ですから、一般の人は、「あの子は違う」「もともと頭のできがいい」ととらえるだけで終わってしまい、なぜそのようになっているのかという理由を考えずに（つまり、OSのバージョンを上げることを考えずに）、ただ目の前の科目（ソフト）のインストールに励みます。

すると、**20世紀型の「気合い、根性、努力」というキーワードが使われ、「もっと努力するように」とか「気合いが足りない」と言われるようになるのです。**

以上のことは、子どもの例で説明してきましたが、大人も例外ではありません。

「OSにはバージョンがある」という前提で考えると、さまざまな現象が理解できます。

たとえば、大人の場合でも、頭脳をOSとソフトに分けて説明することができます。

会社で部署が変わっても、いつも成果を出し続ける人がいますが、そのような人はOS

のバージョンが高いと考えられます。部署が変わるたびに一から学び直しということはないのです。**ＯＳのバージョンが高ければ、新しいソフト（新しい部署の仕事内容）を入れるだけで稼働します。**

しかしＯＳのスペックが低い人は、新しいソフトをなかなかインストールできません。したがって、繰り返しの原則を適用し、何年もかけて繰り返し、繰り返し学ぶということになります。

もちろん、それが悪いというわけではありませんが、その一方ですぐに仕事のコツをつかんでしまう人がいることは事実です。その理由は、「ＯＳのスペックが違う」で説明がつく、ということなのです。

ＯＳを意図的にバージョンアップさせるには？

ここで、２つのことをお話ししておかなくてはなりません。

1　OSのバージョンが高いか低いかは、人生の幸せとはなんら関係がない
2　OSのバージョンは、意図的に上げることができる

です。

1　OSのバージョンが高いか低いかは、人生の幸せとはなんら関係がない

OSのバージョンが高いと、何でもこなすことができるため、一見楽しい人生を送れるのではないかと思われるかもしれません。

もちろん、そういう人もいますが、100%そうではないことには注意が必要です。

たとえば、「人を大切にする人」の方が幸せになる確率は高いでしょうし、「偏差値が高い人」「OSのバージョンが高い人」が必ず幸せになれるかというと、そういうわけでもありません。

しかし、**OSのバージョンが高いと、少なくとも学校の勉強ができる人、仕事ができる人にはなります。**学校の勉強ができると、小1から高3までの12年間を楽しく過ごせる可能性は圧倒的に高くなります。自己肯定感も高くなることでしょう。

そのようなこともあり、私はこのOSのバージョンを高める方法についてお教えしています。実際に子どもたちを指導するときは、この**「まずOSを引き上げてから、各科目（ソフト）を教える」**という順番でやってきました。

2　OSのバージョンは、意図的に上げることができる

OSは生まれつき、どのバージョンであるか決まっている可能性が高いと書きましたが、先述のように、**このバージョンは成長とともに自然と上がっていきます。**

たとえば、大人が今、幼稚園の園児として3、4歳の子と一緒に遊んでいるとします。「遊んであげる」のではなく、自分も仲間として一緒に活動しているとしましょう。

おそらく簡単すぎて、バカバカしすぎて飽きてしまうことでしょう。そう感じるのは、

OSのバージョンが幼稚園のときから上がっているからなのです。

人間は、情報を処理したり、考えたりする能力が、成長とともに勝手に上がっていくものです。幼稚園児まで極端な例でなくとも、たとえば、大人が高校入試の国語の問題文を読めば、15歳のときの自分に比べて読めるようになっているし、設問にも答えられることでしょう。

かつて、私は大人の勉強会で大学入試センター試験の国語の問題を扱ったことがあります。問題を見たとき、大人たちは青ざめていましたが、みなさん問題は解けていました。

ここで考えたいのは、大人になって国語の勉強をしていないにもかかわらず、なぜ大学入試の国語の問題が解けるようになっているのか、ということです。

これはすなわち、**高校時代よりも頭脳のOSのバージョンが上がっているから**、と考えていいのではないでしょうか。

さらに先ほどお話ししたように、知能には遺伝的部分もあるが、その後の環境によって与えられる影響も大きいといわれています。

ということは、あるがままの環境に身を置いていても成長はできるけれども、**「意識して環境をつくり上げる」ことで、さらに得られる効果も大きい**と考えられます。

このように、人は放っておいても成長とともにＯＳのスペックが徐々に上がっていくものです。

しかしここで注目すべきなのは、小中高の段階で、そのスペックが自然に上がっていくことを待つよりも、**「あること」を意識すれば、さらに大きくバージョンアップできると**いうことなのです。

結局、ＯＳの正体とは何か？

これまで、ＯＳについてたくさんのお話をしてきました。では結局、この「ＯＳ」とは何なのでしょうか？

「ＯＳとは頭の中で、いったい何をしているのか？」ということがわからなければ、ＯＳのバージョンアップはできません。

そこで、いよいよ本書の核心部分の話に入っていきます。

簡単に言えば、**ＯＳとは「考える力」のことです。**

「なんだ、そんな当たり前のことだったのか……」とがっかりした方もいるかもしれません。

ではお聞きしますが、みなさんはこの「考える」という言葉の意味を説明できるでしょうか？

「考える」という言葉もまた〝くせ者〟で、この意味がよくわかっていなかったりするのではないでしょうか。

「しっかり考えなさい！」
「考えればわかるよ」
「ちゃんと考えないから、そうなるんでしょ！」
「みんなで考えてみよう」

と、これまで家庭生活でも、学校生活でも、会社内でも、この言葉は日常的に使われてきたことでしょう。しかし、実はその意味をそれこそ「考えずに」使っている可能性もあります。

大人でもよくわかっていないのですから、子どもたちはなおさらわかるはずがありません。ですから、子どもに「ちゃんと考えなさい」と言ってみたり、部下に「よく考えろ！」と言ってみたりしたところで、言われた相手はよくわかっていないので、頭がフリーズを起こしてしまうのです。

フリーズしているのに、また「本気で考えていない」と言われたりすれば、それこそ再起不能になりかねません。

生まれつき頭脳のOSのスペックが高いと考えられる人は、自然とこの「考える」ことをしているため、何の問題もなく勉強をこなしていきます。

英数国理社といった勉強だけでなく、音楽も美術も体育もしかりです。大人になってからも仕事をこなしていくことができます。

ということは、この「考えること」がどういうことを意味するのかがわかってしまえば、楽しい学びがやってくるのです。

第4章

「意味が理解できる人」と「意味が理解できない人」の決定的な違い

意味が理解できる子、字ヅラだけを追ってしまう子

前章の最後で、**OSの正体とは「考える力」**だという話をしました。

ここでは、こんな単純な「考える」ということを、一般的には軽視しがちになっているため、世の中ではとんでもないことが起こっているという話から始めましょう。

次に掲げたのは、私のところに寄せられた相談です。こちらをお読みいただくと、「考える力」とはどういうことをいうのか、おわかりいただけると思います。

質問

中2の息子がいます。うちの子は、前から国語が苦手で、読書も小さい頃からしない方です。

「読書は国語力を引き上げる」という話を聞いたことがありますが、強制するのもよくないと思いながら、ここまできました。

しかし、だからといって、国語ができるようになるにはどうしたらいいかということは今もわからずじまいです。

たぶん、読めていないのだと思いますが、読解力を上げていくためには、どのような対策をしたらよいのでしょうか？　何かアドバイスをお願いします。

（仮名：山口さん）

回答

「国語ができない、読解力がない、本を読まない。どうしたらいいでしょうか？」

――こういう質問は本当にたくさん受けます。

小学生の頃であれば、中学受験するケースを除き、ほどほどにごまかすことができるのですが、中学校に入ると、ほぼ全員が高校受験するので、ごまかしがきかなくなってきます。

でもよく考えると、国語の勉強の仕方を教えてもらったことはないですよね。

小さいときから本を読んでいる子は、国語ができる傾向にあるといわれていますが、かといって好きでもない読書をすればいいというものでもありません。

もちろん、読書をするにこしたことはありませんが、現代は活字離れが加速しているので、読書だけが国語ができるようになる方法とも思えません。逆に、嫌いな読書をさせることで、さらに「嫌い」が加速することもあります。

そこで今回のご相談にあたり、山口さんには「国語ができない一番の原因」についてお話ししましょう。

子どもが文章を読んでいる姿を見たことはありますよね。

家で宿題のプリントをやっていたり、メールを読んでいたり、テレビのテロップの字を読んだりすることも、その1つになります。

実は、文章を読んでいるときには、2種類の読み方があるのです。

1つは、**「意味を理解しながら読んでいる読み方」**です。この場合、書いてあることは当然よくわかりますし、ある意味、文章と自分は一体になっていますね。

では、もう1つの読み方は何でしょうか？　それは、**「字ヅラだけを追っている読み方」**です。「字ヅラだけ」というのは、活字の羅列に対して目を移動させているだけということです。

本当にそんな読み方をしている子がいるのかと思われるかもしれませんが、実際かなりたくさんいます。そういう私も、高校時代まではそうでした。

「字ヅラだけ」の読み方をしている子は、100％国語ができませんし、さらに他教科も伸び悩みます。

この2つの読み方のうち、どちらの読み方をしているかは、端から見てもわかりません。ただ読んでいるという姿しか見えないからです。

ここに大きな落とし穴があったのです。**周囲からは本当の原因が見えないため、対策の打ちようがなかったのです。**

では、なぜこの原因がわかったのかといえば、それは私の実体験にありました。私は、国語がまったくダメな人間でした。小学校の頃からです。

さらに中高時代の国語の授業は、睡眠時間か息抜きの時間でした。授業はつまらないし、教科書の内容もつまらなそうで、興味は一切わきません。もちろん、当時の私の精神年齢が文章の内容に追いついていなかったということもあります。

それで、文章を読むときに何をしていたか？　それが、「ただ字ヅラだけを追っていた」ということなのです。答え探しを「宝探し」のようにやっているので、そう簡単に見つかるはずもありません。

そんな状態ですから、文章の意味を理解することもなく、国語ができるようになるなど夢のまた夢でした。

意味を理解する力がないため、英語も頭打ち。数学もパターンを刷り込んでいるだけで、数学が問う意味など理解していません。ですから、パターンから外れるとできなくなるため、また新たな〝パターン〟として覚えなくてはならないのです。

しかし、そんな私にも転機がやってきます。なんと、国語の偏差値が半年で40→70台後半へ上がっていったのです。

なぜだと思いますか？　それは、**「考える力」を手に入れたから**なのです。つまり、**「意味を理解する力」**を手に入れたのです。

この「考える力」を手に入れると、読解力も手にしたことになるため、確実に点数が上がります。これを手に入れることは誰にでも可能なのですが、できない子は「考えること」を教えてもらったことがないため、ずっとできないままなのです。

私の場合は、たまたま人生のどん底に陥って、考えざるを得ない状況に追い込まれて手に入れたのですが、通常、そのようなどん底は経験しないでしょうから、手に入れないまま、ほどほどのあり方で終わるのです。

その後、塾で子どもたちを指導していると、私と同様の〝症状〟にある子が非常に多いことに気づきました。

「意味が理解できない子どもたち」が最近話題になっており、統計データでも示されているようですが、私がこれまで3500人以上を直接指導してきた経験に照らし合わせても、間違いなく、意味を理解しない子どもの方が理解できる子に比べて圧倒的に多いと断言できます。

ここで、先ほどの2つの読み方について具体的に説明しましょう。

1つは「字ヅラだけを追っている読み方」で、もう1つは「意味を理解している読み方」でした。では、この2つはどう違うのでしょうか？

●「字ヅラだけを追う子」と「意味を理解している子」の違い
＝「考えていない子」と「考えている子」の違い

①国語の問題で、「主人公はなぜ、○○のようなことをしたのでしょうか？」という設問があったとき

↓字ヅラだけを追っている子は、「文章からその答え」を探しだす。
↓意味を理解する子は、「普通、○○のようなことしないだろ」と考える。

②英語の問題で、「I don't like Ken, because he is always late for school. を訳しなさい」という設問があったとき

↓字ヅラだけを追っている子は、「私はケンが好きではありません。なぜなら、彼はいつも学校に遅刻するからです」と直訳して次の問題へ進む。
↓意味を理解する子は、「遅刻ぐらいで、なんで嫌いになる必要があるんだ?」と考える。

これが「字ヅラだけを追っている子」と、「意味を理解する子」の違いなのです。
言い換えれば、**読解力がない子とある子の違い**ともいえます。
意味を理解する力は、あらゆる場面で発揮されます。つまり、どのような科目

でも、分野でも、さらに言えば、仕事でも、日常生活でも発揮されます。これを「一事が万事」というのです。

いかがでしょうか。

「考える」というのがどういう状態なのかは、国語の文章を読んでいるときのケース、英語の訳のケースで、だいたいおわかりいただけたかと思います。

この事例の国語ができない子だけではなく、もしかしたら大人も、意味を理解せずに表面的作業（字ヅラだけを追うパターン）を行っているかもしれません。

これが特に顕著になるのは、勉強のときです。意味がわからなくても、丸暗記で点数を取ることもできますが、それではつまらないですし、記憶が長続きすることもないでしょう。

よって真の力はついておらず、応用をきかせることなど到底ありえません。

本書を書いた理由もここにあります。実は多くの子どもたちだけではなく、社会人も「考える」ということをせずに、ルーティン化された日々を漫然と生きているかもしれないということなのです。

その結果、ネットに流通する情報に振り回されたり、判断を人にゆだねてしまったりすることで、自分軸を見失うこともあるのです。

自分の頭で考え、判断し、実行していくことが重要なのは誰しも理解できますが、はじめのステップである「考える」ができなければ、適切な判断をすることはできないでしょう。

つまり、この**「考える力」を手に入れると、人生を歩むうえで得られる情報、気づきの量が、そうでない場合よりも段違いに多くなる**のです。

大人もそうなのですが、私は特に子どもたちにこそ、この「考える力」を手にしてもらいたいと思っています。

子どもたちの頭脳のOSをバージョンアップできたならば、これまでとまったく異なる〝景色〟を見ながら生きていくことになり、ひいては「できる自分」をつくり上げることができるようになります。

自己肯定感も間違いなく上がるでしょう。

OSをバージョンアップする2つのアプローチ

では、いよいよここから、どのようにOSをバージョンアップしていくのかという話になりますが、ここまでの内容をまとめておきましょう。

1　同じ環境・条件で〝できる人〟と〝できない人〟の差は、「頭脳のOSのスペックの違い」によるものである。

2　OSのスペックは生まれつき決まっていると考えられるが、後天的にバージョンアップすることは可能である。

3　OSのスペックの違いは、〝考えているか〟〝考えていないか〟の差異によって生み出される。

4　したがって、OSをバージョンアップするには、日常的に「考える」ことができるようにする。

ということでした。そこで、4の内容を受けて、**「考える力を手にするための2つの基本アプローチ」＝「OSをバージョンアップする2つの基本アプローチ」**についてお話しします。

私は、「考える」状態になるための方法をわかりやすく、次の2つのアプローチにまとめました。

- **OSをバージョンアップするアプローチ1「疑問を持たせる」**
- **OSをバージョンアップするアプローチ2「まとめさせる」**

これらを細かく見ていくと、それぞれのアプローチによって、次のような思考スキルを強化することができます。

●OSをバージョンアップするアプローチ1「疑問を持たせる」

↓「①原因分析力」
「②自己表現力」
「③問題解決力」

●OSをバージョンアップするアプローチ2「まとめさせる」

↓「④抽象化思考力」
「⑤具体化思考力」

これらに加えて、さらにOSを強化する5つの補助的なスキルもあります。

↓
「⑥積極思考力」
「⑦目的意識力」
「⑧原点回帰力」
「⑨仮説構築力」
「⑩問題意識力」

この構造をわかりやすく図にすると、次のページのようになります。

そして、「はじめに」でもお話ししたように、**誰でも簡単にできる「声かけ（10のマジックワード）」によって、これらの10のスキルを高めることができる**のです。

次の章からは、10のスキルについて1つずつ、それを高めることのできる具体的な「声かけ」の例とともに、ご説明していきましょう。

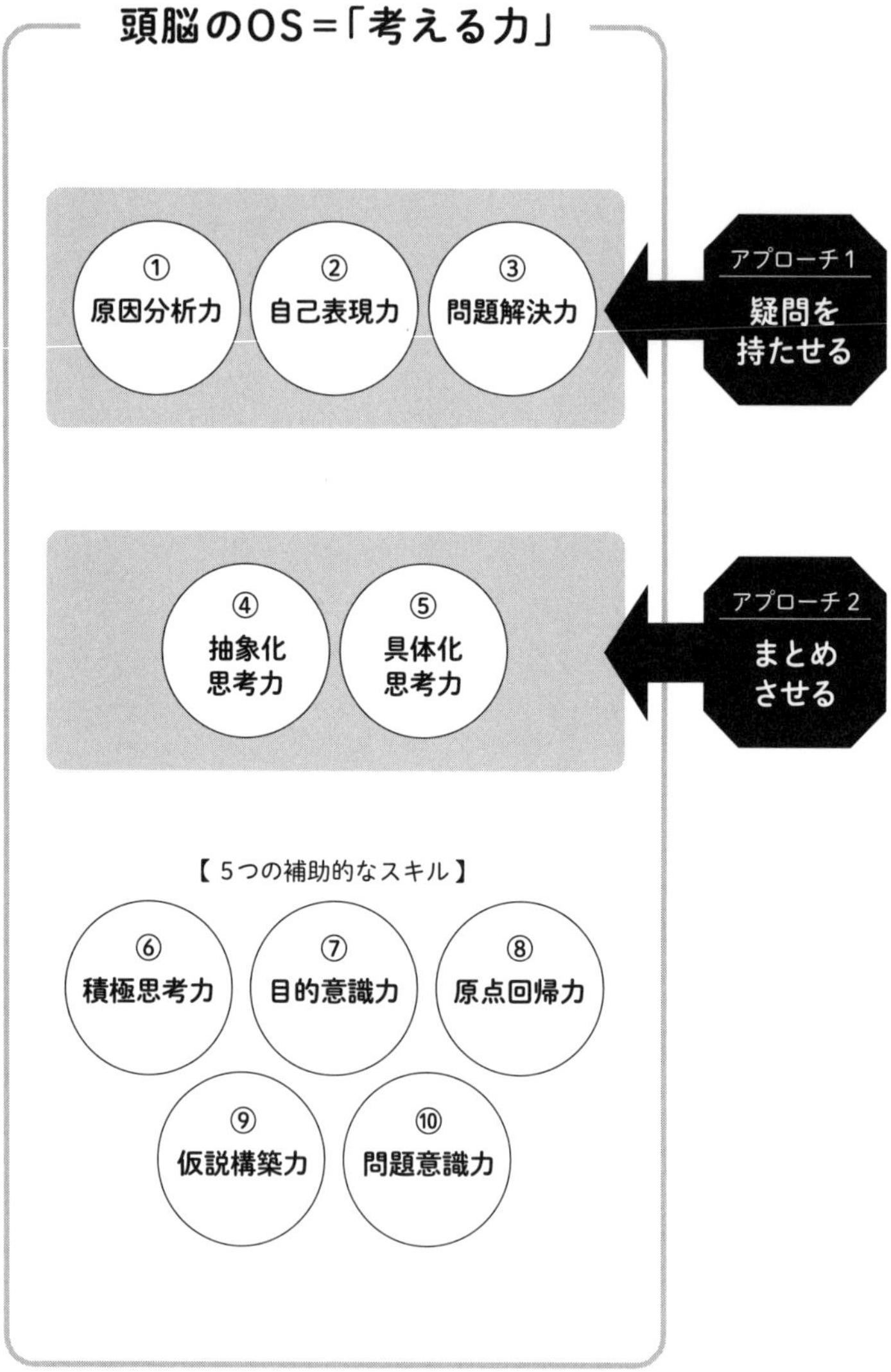
頭脳のOS＝「考える力」
①
原因分析力
②
自己表現力
③
問題解決力
アプローチ1
疑問を
持たせる
④
抽象化
思考力
⑤
具体化
思考力
アプローチ2
まとめ
させる
【 5つの補助的なスキル】
⑥
積極思考力
⑦
目的意識力
⑧
原点回帰力
⑨
仮説構築力
⑩
問題意識力

第5章

OSをバージョンアップするアプローチ1

「疑問を持たせる」

なぜ「マジックワード」なのか？

具体的なマジックワードの話に入る前に、**なぜ「マジックワード」が効くのか**、という重要な話からさせてください。

これまでの学校教育では、「コンテンツ（科目）を指導する」ということが学習指導要領に書かれており、それに準じて行われていました。そこにはＯＳらしき言葉はありません。

しかし、**２０２０年から始まる新しい学習指導要領には、「思考力」を重視するということが書かれています。**残念ながら、どうすれば考えるようになるのかについては、言及されていません。

今後は、「考えることが大切」といわれる機会が増えるでしょうが、どうすればできるのかという方法について伝えなければ、これまでと何も変わりません。

そうなると、今の日本の教育水準は従来と何も変わらず、もともと頭脳のスペックの高い子だけが高い成績を残していくということになります。ハウツーを教えれば誰でも変われるのにもったいないことです。

企業においても、近年ますます、コミュニケーション能力や問題解決技法、ロジカルシンキングの重要性が声高に叫ばれています。

実態としては、もともとそのような能力を持っている人が活躍をしているだけで、社員教育という名の研修を行っても、何も変化がないということが起こっています。

なぜこのようなことが起こるかといえば、「あるべき論＝こうであるべきという言い方」が主流で「どうすべき論＝どうすればそうなるのか」がないからにほかなりません。

私はこれまで年間50回以上の上場企業の管理職研修を行ってきた経験から、企業のそのような実態が見えています。

このような教育実態、企業研修実態を幅広く見てくるとわかることがあります。それは、たいしたことではないのに、大げさな装飾をつけて、さも大変なことをやっていると表現しがちであるということです。

こうしたやり方だと、受け手（受講者）は難しいこと、複雑なこと、できないことと考えてしまい、他人事になってしまうのです。

教育とは、もっとシンプルでなければなりません。さらに効果が出なければ、継続も難しいことでしょう。

そこで**大切なのは、シンプルな「言葉」を使うことです。**シンプルでありながら、効果が出る言葉なので、私はこれを「マジックワード」と呼んでいます。

マジックワードは自分自身に使っていけば「自己啓発」となり、人に使っていけば「教育」となるものなのです。

1 「原因分析力」をつくるマジックワード

ＯＳをバージョンアップするアプローチの１つは、**「疑問を持たせる」**ということです。

この「疑問を持つ」という言葉も、昔から言い古された言葉です。

「疑問を持ちなさい」と世間では言われながらも、これまでの学校教育ではほぼやってこなかったと言ってもいいのではないでしょうか。コンテンツ（学習内容）を教えられることはあっても、それらに対して「疑問を持つ」などご法度だったからです。

コンテンツはつねに正しいという暗黙の了解があり、いつしか人々は「疑問を持つ」ことを忘れていきます。このように教育されてきたため、「疑問を持つ」ことが習慣化されることはなかったのです。

学校教育で主に問われる言葉群は、一般的に「何？」「どこ？」「誰？」「いつ？」「（選択肢問題で）どれ？」です。

これらは「知識」がインプットされていれば誰でも答えられますが、頭に入っていないと答えられません。

また、このような状態は「考えている」とはいいません。考える頭脳にしていくためには、別のキーワードが必要になります。

それが、**「なぜだろう？」**（Why?）という言葉です。

これこそ、**「原因を分析するマジックワード」**なのです。

OSをバージョンアップするマジックワード1

「なぜだろう？」（原因分析力）

たとえば、「あなたの家の住所はどこですか?」と問われると、住所を答えられますね。これは「知識」で、頭に住所が入っているから答えられます。

しかし、次のように質問されたらどうでしょうか?

「なぜ、その家に住もうと思ったのですか?」

こう問われたら、「え、なぜだろう?」と考えますよね。まさに、このとき、脳の神経細胞・シナプスに電気信号が走り、「考える」状態となるのです。

人は、何を問われるかによって、頭脳の働き方が変わります。「何」「どこ」「誰」「いつ」「どっち」といった問いも情報としては重要ですが、何かを考えることにはつながらないのです。

私たちの多くは、子どもの頃、実は「疑問を持つ」ことを頻繁にやっていました。子どもは、さまざまなことに興味・関心を示します。そのたびに、「ママ、なんでこうなっているの?」と聞いてきたことでしょう。

はじめは親も、「これはね、○○だからなのよ〜」と優しく丁寧に教えていたのが、何度も聞かれるうちに、「これは、こうなってんの!!」と答えてしまったり、そのうち返答することすら面倒になってしまったりします。

そうなると、子どもは聞いてもしょうがないと割り切り、疑問を持つことをやめていきます。

もちろん、**「どうしてだろうね?」**という返答でもいいでしょう。実際に口に出してしまうのです。

人に問えば、相手の頭脳が動き出します。
自分に問えば、自律的に考える力がついていきます。

実は、あまり知られていないのですが、国語ができる子がやっている「暗黙の問いかけ」というものがあります。それは国語の文章を読みながら、**「え、なぜこうなっているの?」**と自問自答することをいいます。

これを行っていると、不思議と答えに近いものが〝見えて〟くるのです。嘘のような本当の話です（しかし、これは頭の中でやっていて周囲から見てもわからないので、一般に明かされることはありません）。

人は日常生活で、ほとんど疑問を持たずに生活しています。なぜなら、周囲の情報のすべてを受け取っていないからです。

その背景には、脳の構造の問題があります。脳は「見たいものしか見ないし、聞きたいものしか聞かない」という特徴を持っており、日常生活において、興味関心がある情報しか入ってこないという性質があるのです。

そのため、「見えていても、見ていない」という状態が起こります。「聞こえていても、聞いていない」状態が起こります。なので、脳に入ってくる情報量も限られていきます。

そこで、「なぜだろう？」「どうしてだろう？」と問いかけてみます。すると、そこに意識がフォーカスされて頭脳が動き出します。

重要なので何度も言いますが、**「人は問われることによって『考える』ようになる」**のです。

最近、NHKの「チコちゃんに叱られる」という番組が人気のようです。そこでは、日頃人々が常識すぎてあらためて疑問に思わないようなことがらについて「なぜ……?」と聞かれます。そうすると、視聴者は「え? なぜだろう?」と、初めて〝考え〟ます。

そこで答えられないと、「ボーッと生きてんじゃねーよ!」と叱られます。

この言葉は、まさに名言。私たちは関心があることしか見ない、聞かないため、ボーッと疑問を持たずに生きているのかもしれませんね。

2 「自己表現力」をつくるマジックワード

アプローチ1には、原因分析のためのマジックワード「なぜ？」（Why?）以外に2つのものがあります。

それぞれ、**「How?」**というキーワードを使っていきます。

その1つが、**「どう思う？」**です。

OSをバージョンアップするマジックワード2

「どう思う？」（自己表現力）

この言葉で問われると、何かしら「考え」なければなりません。そして、言語で表現しなければなりません。

ですから、結果として**「自己表現力」**がついていくのです。

自己表現力は、2020年以降の新しい学習指導要領で重視される要素の一つです。これまでは、自己表現力はなくても知識の量だけでそれなりの成績を取ることができましたが、これからはまったく異なるフェーズに移行します。

社会人の世界では、随分前から、表現力や意見を言う力が「コミュニケーション能力」という名のもとに重視されてきました。しかし、実際は、会議では相変わらず、役職が上の人ほど発言力が大きかったり、声の大きな人が中心で進められたりする実態を鑑みると、実は多くのビジネスマンも自己表現ができていないのではないかとも考えられます。

私は年間50回以上、上場企業の研修を行っています。そこでよく聞く話に、「ファシリテーションできる人が少ない」ということがあります（ファシリテーションとは、発言を促したり、話をまとめたりすることです）。驚くことに、ファシリテーションできる人が少ないため、それを外注している企業もあるそうです。

そのファシリテーターがよく使う言葉に、「どう思いますか?」があります。

ですから、社会人にとっても、**「どう思いますか?」という言葉は、相手の意見を引き出すのと同時に、表現力を高めていく訓練にもなる**のです。

なぜ「質問はありますか?」と聞くのはNGなのか?
——学校、企業で使うと効果的なテクニック

「どう思いますか?」と同じような局面で使われる言葉に、**「質問はありますか?」**があります。学校でも企業の会議でも、よくこの問いは使われます。

しかし、残念ながら、この問いはほぼ意味がないと言っていいでしょう。なぜなら、それに対する返答は「ない」であることがほとんどだからです。

実際は「ない」のではなく、いきなりでは答えにくいということなのですが、誰も発言しないことで、質問・疑問はないものと錯覚されてしまいます。

そもそも、多くの人は疑問を持ちながら話を聞いていないので、質問が出にくいという背景もあるかもしれません。

そこで、次のような聞き方をしてみてください。

「感想はどうですか？」

「どう思いますか？」

すると、感想なら答えられますし、「どう思う？」と聞かれて「ありません」とは言えなくなります。感想を言っているうちに、その話の中に質問が混じったりすることも出てきます。

このように**何を問うかによって、人は話しやすくなり、円滑なコミュニケーションができるようになっていきます。**ご家庭でも、ぜひ試してみてください。

3 「問題解決力」をつくる マジックワード

問題を解決するときや方法を問うときに使うのが、**「どうしたらいい？」**です。特に、困ったときに使うと効果的です。

「どうしたらいい？」と問われることで、**解決策を「考える」**ようになります。

OSをバージョンアップするマジックワード3

「どうしたらいい？」（問題解決力）

もし、この問いをしなければどうなるでしょうか？　通常は、「困った」→「考える」ではなく「悩む」状態になります。見かけは考えているように見えますが、実態としては悩んでいるだけです。

悩みというのは過去、現在に対することであり、しかもネガティブなものです。

しかし、「どうしたらいいと思う？」と問われることで、視点が未来に向かいポジティブなことを考えるようになります。

ですからこのマジックワードは、**単に問題を解決させるということのみならず、心理的にもポジティブな人間形成にも役立つ**のです。

「問題」と「課題」という言葉の違いを知っていますか？

「問題解決」という言葉を使ったので、ついでに「問題」と「課題」の言葉の違いについて触れておきます。この違いについては混同している人が多いので、私は企業研修のときには必ずと言っていいほど説明しています。

- **「問題」とはネガティブな状況が発生している状態**
- **「課題」とは「問題をクリアするために必要なことは何か」とポジティブに表現されている状態**

たとえば、「子どもがゲームばかりやっていて少しも勉強しない」というのは「問題」です。では、これを「課題」の表現に変えるとどうなるでしょうか？

「ゲームをやっていても勉強するようになること」、あるいは**「ゲームをやらずに勉強をするようになること」**となります。

実は、このゲームの課題の場合、先の2つの例のうち、多くの家庭は後者の「ゲームをやらずに勉強をするようになること」を選択してしまいます。

しかし、実際は、前者の「ゲームをやっていても勉強するようになること」の方が、ネガティブな要素がないため、より効果的で実行性があるのです。

このように、**「問題」**を**「課題」に変えることで、論点がはっきりとして、「何をすべきか」ということが明確になっていきます。**

アプローチ1【疑問を持たせる】のまとめ

3つのマジックワード

「なぜだろう？」（原因分析力）

「どう思う？」（自己表現力）

「どうしたらいい？」（問題解決力）

第6章

OSをバージョンアップするアプローチ2 「まとめさせる」

4 「抽象化思考力」をつくるマジックワード

ＯＳをバージョンアップする２つめのアプローチは**「まとめさせる」**です。

この思考は極めて重要で、本書の中でも「最も核心的な部分」にあたりますので、くわしくお話ししていきます。

「まとめる」という言葉を別の言葉で表現すると、**「抽象度を上げる」**になります。

これは、「考える力を持っている人」の最大の特徴というべきものです。

「抽象的」「具体的」という言葉は、みなさんご存じでしょう。国語の教科書に書かれているような文章も、普段しゃべっている日常の会話も、「抽象」「具体」の羅列によって成り立っています。

しかし、子どもはこの認識ができていません。もしかしたら大人もできていないかもしれません。

国語ができない子や文章の意味が理解できない人は、この区別がついていないため、国語の文章の字ヅラだけを追ってしまうという現象が起こります（第4章参照）。つまり、「考えない」という状態に陥るのです。

「抽象」とは、簡単に言えば**「ざっくり言うと、こういう感じ」**というもの。

「具体」とは、**「例がはっきりしていてわかりやすいもの」**というイメージです。

「抽象度を上げる」とは？

直感的にわかりやすくするために、次のような話をすることもあります。この例は、私がいつも講演会で触れている内容です。

たとえば、山田さんがチワワを飼っていました。石川さんもチワワを飼っていました。

山田さんのチワワも石川さんのチワワも具体的ですね。でも、具体的な世界というのは比較、争いが起こります。

山田さんはこう言います。「石川さんのチワワは、耳が大きすぎない？　うちのチワワの方が断然可愛いわ～」と。

でも、山田さんのチワワも石川さんのチワワも、「チワワ」というカテゴリーに入っています。つまり、同じですね。

今度は、内田さんのトイプードルが登場します。すると、また比較、争いが起こります。

内田さんは「チワワなんてうるさい犬、よく飼うわね～。うちのトイプードルは全然吠えないし、お人形さんみたいで可愛いわ～」と。

しかし、チワワもトイプードルも、一段上から見れば「小型犬」というカテゴリーです。同じ部類になります。

するとさらに、今度は木村さんのゴールデンレトリバーが登場します。すると、またまた比較、争いが起こります。

トイプードルの内田さんは、「よくあんな大きな犬飼うわね〜。エサ代もかかるし、信じられない」と。しかし、小型犬も大型犬も一段上から見れば、「犬」というカテゴリーになります。同じ部類です。

このように、「チワワ→小型犬→犬→哺《ほ》乳類→脊椎《せきつい》動物→動物→生物」と上位の概念へ広げていくことを**「抽象度が上がる」**というのです。**どの視点から見るかによって、判断が変わってきます。**

これを算数に当てはめてみましょう。問題集1ページに10問の問題があったとします。

抽象度の低い子は、10問とも別々の問題と思っています。「これは、分数が出ている。これは小数があって、この問題は分数と小数があって」と。

しかし、抽象度の高い子は、これらすべての問題は〝同じ〟であることが見えています。違いも認識できています。この問題は分数、この問題は小数と、表面的には形が違っているけれど、「やっていることは同じ」であると〝見えて〟いるのです。

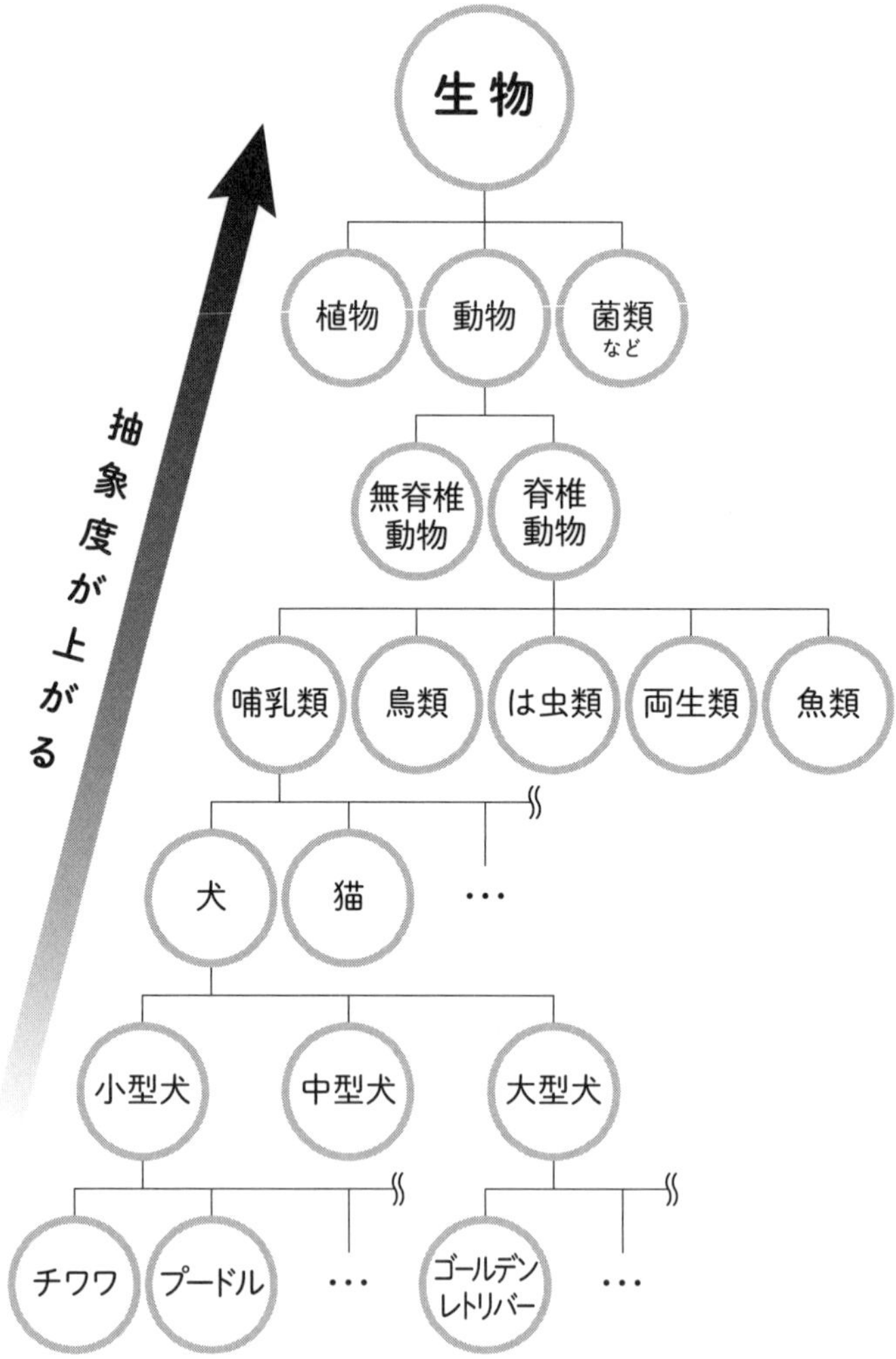
抽象度が上がる
生物
植物
動物
菌類など
無脊椎動物
脊椎動物
哺乳類
鳥類
は虫類
両生類
魚類
犬
猫
…
小型犬
中型犬
大型犬
チワワ
プードル
…
ゴールデンレトリバー
…

国語に当てはめてみると、こうなります。

たとえば、説明文。筆者が1つの段落で言いたいことは1つしかありません。

抽象度の低い子は、書かれている文章の用語が違っているし、構造が違っているから、すべて違うことが書かれていると錯覚しています。だから字ヅラをすべて追い、設問では答え探し（宝探し）が始まります。

しかし、抽象度の高い子は、表面的な形は違っていても、「言っていることは同じ」ということが〝見えて〟いるのです。

このような見え方、感じ方ができているかどうかは、端から見てもわかりません。ただ問題を解いている様子、文章を読んでいる様子としてしか見えないからです。

しかし、実態はまったく異なります。**抽象度が高い子は、上の視点から物事を見るので、ポイントを即つかんでしまいます**が、そうでない子は大変です。

なにしろ、すべての問題や文章が違って見えているのですから、いくら勉強しても「無限にある問題」としてしか認識できません。そうなると、勉強のやる気など出るはずがないというものでしょう。

東大生は、「抽象度」が高い？

私は、東京大学の修士課程、博士課程に行っていたときに、多くの現役東大生と話をしました。

そのとき感じたこと。その1つが、彼らの**「抽象度の高さ」**です。

第1章でもお話ししたように、「一を聞いて十を知る」というのがまさにそうで、彼らは具体的な話を聞くと、それを抽象化させて理解し、一般化していくことができます。

東大生は、センター試験でも全教科で高得点を取り、さらに2次試験の難解な問題でも多教科、多分野にわたって高得点を取っていくという離れ業をやってきた人たちです。

もちろん、受験勉強は相当したでしょうが、科目数が多く、しかもハイレベルな問題が解けるようになるまでには、数限りない問題をひたすら解いていったのではなく、**いくつかの具体的問題を抽象化させて、「ルール化」「パターン化」するのが自然とできていた**ということが背景にあるはずです。

社会人であれば、できる人は異動によって部署が変わっても、それまでと同じように高いパフォーマンスが発揮できる理由がここから説明できます。

つまり、はじめの部署で高いパフォーマンスを出している人は、その「具体的仕事」から抽象度を上げて、「一般化」「ルール化」することができます。そして、新しい部署に着任したら、それを新しい仕事に適用しているだけの話なのです。

一方、抽象度の低い人は、「一般化」「ルール化」ができないため、すべてが具体的仕事と考えてしまい、一からやり直すという発想しか持ち合わせていません。

これは、まさにすべての種類の数学の問題をマスターしないと受験では高得点が取れないと考えている受験生と同じで、非常に苦労するパターンなのです。

では、次に気になるのは「抽象度を引き上げられるようにするにはどうしたらいいか?」ということになりますね。

第3章でもお話ししたように、OS＝「地頭」は生まれつき初期のバージョンが決まっていて、人によってまちまちのものです。

もともとOSのバージョンが高い子というのは、どのような傾向があると思いますか？

実は、小さいときからすでにその片鱗は見せていて、3歳にしてすでに**「抽象的な質問をする」傾向にある**のです。

たとえば、「ママ、人は何のために生まれてきたの？」ということを聞いてきます。哲学的、抽象的質問です。

普通の3歳の子どもは、もっと具体的な質問をしてきます。たとえば、「ママ、このアンパンマンに出てくるこれ、名前なに？」のような質問です。

中学受験塾でトップクラスにいるような子に共通するのも、この抽象度の高さであることがこれまでの数々の調査でわかっています。もちろん例外はあるでしょうが、おおむねこのような傾向があるのです。

繰り返しになりますが、抽象度の高い質問ができる子は、ピラミッドの上から下を見ているようなものなので、下の〝世界〟がすべて見えています。

したがって、**勉強をするときも、問題をいくつか解いただけでコツをつかみ、さらにそれぞれの違いも認識することができる**のです。

前置きが長くなりました。では、話を元に戻しましょう。

「抽象度が大切なことはわかった。そして、抽象度を上げるのは、誰でもできることもわかった。では、どうするのか？」という話です。

これも、「声かけ」によって劇的に変わります。次のマジックワードを問いかけることで、抽象度を引き上げることができるのです。

それが、**「要するに、何だろう？」**です（類似の言葉：**「簡単に言えば？」「共通点は？」**）。

OSをバージョンアップするマジックワード4

「要するに？」（抽象化思考力）

人は「要するに、どういうこと？」と問われると、枝葉をそぎ落として、幹だけを選択するようになります。つまり、**「まとめる」という作業を自動的に行うようになる**のです。

先ほどの犬の例で考えるとわかりやすいでしょう。
「チワワって要するに何？」と問われれば、「犬」となります。
「犬って要するに何？」と問われれば、「哺乳類」となりますね。
このように、**「要するに？」と問われると、抽象度が上がっていく**のです。

できる子は、自分で「要するに何？」とまとめることを〝勝手に〟やっています。文章を読んでも「要するに何？」、算数の問題でも「要するに何を聞いている？」と。
「要するに？」という言葉で一般化させることをせずに、表面的な字ヅラばかりを気にする人は、表面の細かいことに気をとられて本質を見誤るというのは有名な話です。

5 「具体化思考力」をつくるマジックワード

このアプローチ2「まとめさせる」には、もう1つ、抽象とは真逆の「具体化思考」を引き出すマジックワードがあります。

それが、**「たとえば、どういうこと？」**です。

「要するに？」とセットで使えば、さらに効果的です。

OSをバージョンアップするマジックワード5

「たとえば、どういうこと？」

（具体化思考力）

「たとえば？」という言葉はよく使われる言葉で、「要するに」でまとめ上げるのとは真逆の方向です。

この言葉で問われると、人は具体的事例を引っぱり出してきます。

ここで重要なことをお話ししておきましょう。日常でもよく使っているこの「たとえば？」、実は深い意味があり、能力開発につながるのです。

「たとえば？」と言われると具体的な事例を探しますが、そのときの頭脳はどうなっていると思いますか？

環境問題を例にあげましょう。「今、地球は環境問題で苦しんでいる」という表現は抽象的です。

そこで、こう聞きます。「たとえば、どんなことがあるかな？」と。すると、「ごみの分別収集がしっかりできていない国がある」と言ったとします。

「ほかには？」と聞いてみると、「この間、クジラのお腹の中からたくさんのプラスチックが出てきた」と言ったりします。

これは、ただ事例だけを挙げているように感じるでしょうが、実は次の2つの力が身についているということなのです。

● **「環境」というレイヤー（層）から1つ下がった、同じジャンル、領域を探すことができる**

● **「ごみの分別収集」「クジラのお腹のプラスチック」が同じ種類、レイヤーのものであるという認識力がある**

何を当たり前のことを、と思われるかもしれませんが、これは実にすごいことをやっているのです。

つまり、似たような事例を引き出せるということは、**「抽象→具体の思考」（演繹《えんえき》法）ができている**ことにもなりますし、事例をどんどん引き出すことで、さらに**新しいアイデアを創出するためのクリエイティブな力もつく**ことになります。

先ほどの例でいうと、「環境問題で分別収集のことや、クジラのお腹のプラスチック問題があるけれど、視点を変えて、学校の中での環境問題ってないかな？」と問うことで、

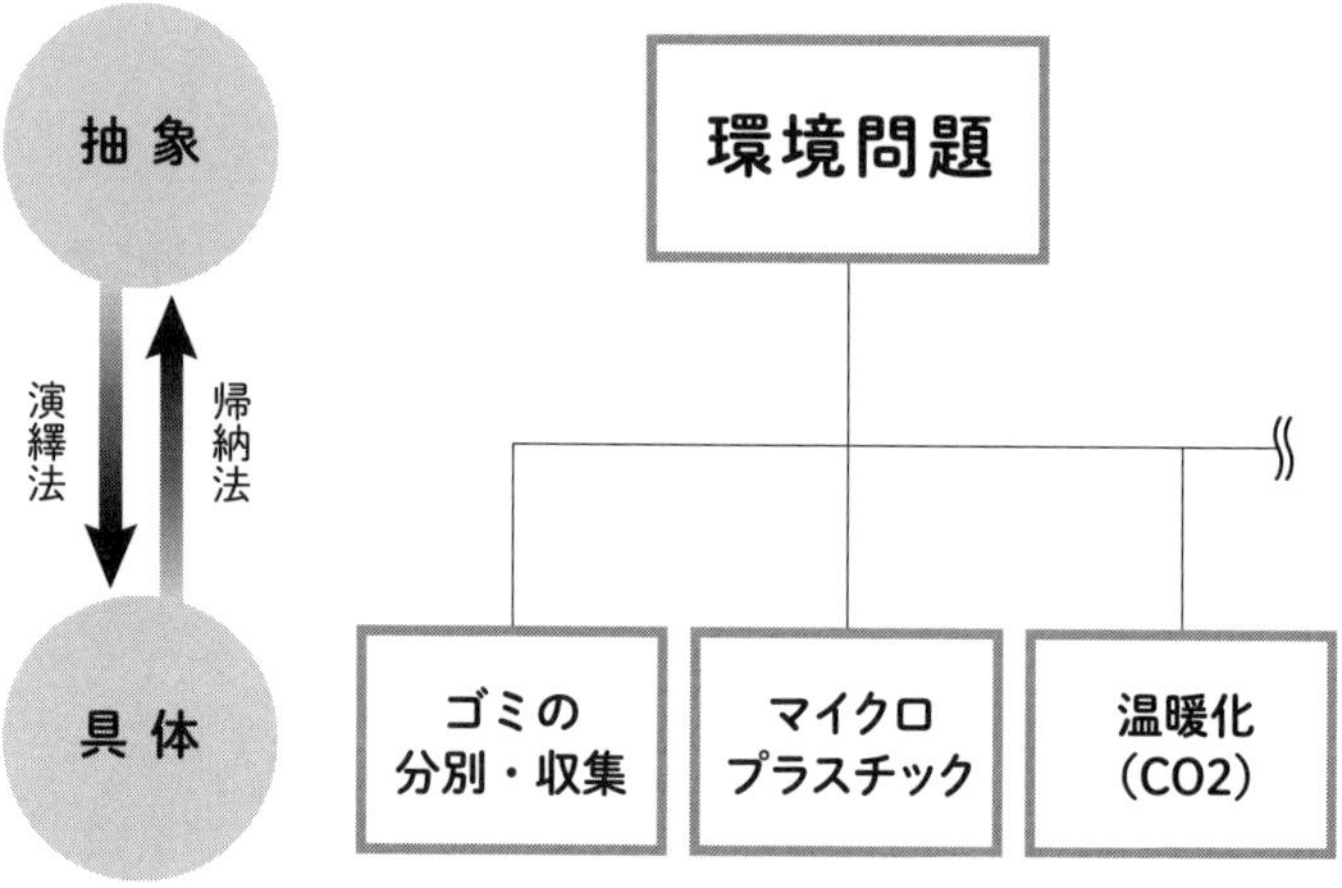
抽象
演繹法
帰納法
具体
環境問題
ゴミの
分別・収集
マイクロ
プラスチック
温暖化
(CO2)

学校内における具体的な環境問題を探していくようになります。

このように、それまで意識してこなかった視点を持つことで、新しい発見があるのです。

実は、**こういったところから問題意識や好奇心が生まれ、「学びたい」という気持ちに発展することがよくあります。**

「応用力の正体」とは？

よく、「応用力がない」ということが言われます。特に、子どもの勉強ではよく使われる言葉です。

しかし、これは社会人になっても続きます。応用力がない人は、ずっとないままです。

この応用力の正体も、この「抽象度の高さ」で説明できるのです。

応用力がある人は、次のようなフローで考えることができます。

●「具体→抽象」の流れ

具体的な事象→「要するに」というマジックワードを使い→抽象化

これを難しい言葉で「帰納法」といいます。昔、高校の数学の数列の授業で、「数学的帰納法」というものがありましたが、その帰納法です。

簡単にいえば、いくつかの出来事の**「共通点を見つけて、ルール化する」**ことです。

もちろん、逆のフローでも考えることができます。

●「抽象→具体」の流れ

抽象化→「たとえば」というマジックワードを使い→具体的事象に当てはめて考える

これを「演繹《えんえき》法」といいます。「A＝Bである。B＝Cである。よって、A＝Cである」というのが演繹法です。

より重要なのは、「要するに」で抽象化できること、つまり簡単にいえば、**「共通点を見**

いだしていく」こと、**「コツをつかむ」**ことです。

しかし、この抽象化のレベルが低いと、大した応用はできません。**抽象度が高くなると、それだけ上から下の現象を幅広く見ることができるので、応用できる範囲が広くなります。**

これが、実は応用力があるのかないのかの根本的な違いといえます。

野球の達人は、野球という具体的な動きから体の使い方を一般化、抽象化して、ほかの種目であるサッカーにも適用できたりします。

さらに、野球から哲学的観念に抽象度を引き上げていけば、野球とビジネスの成功理論は同じであるということがわかります。

これが「一事が万事」という言葉の意味です。つまり、1つのことができるとほかのこともできるようになるという現象です。

子どもの場合、勉強で応用力をつけるために、応用問題をいくらやってもダメな理由はここにあります。

抽象化できていないのに、応用問題をいくらやっても、それは新たな具体的な問題が1つ登場したことにしかならないのです。

*

このアプローチ2の「まとめさせる」は、OSのスペックを引き上げるアプローチの中で最も重要なものです。

「要するに？」で抽象化し、「たとえば？」で具体化する――難しい言葉でいえば、「帰納法と演繹法」。これができる人がOSのスペックが高い人であり、世の中では「賢い人」というのです。

マジックワード使用上の7つのNG

この章を終わるにあたり、マジックワードの使用上の注意についてお話ししておきます。

これまで、ＯＳをバージョンアップするための「５つのマジックワード」をご紹介してきました。

数々の事例から効果が実証されているワードではありますので、みなさんにも気軽にお試しいただければと思います。

ところが、世の中に方法論で１００％効果があるものがないように、これらのマジックワードも効果を１００％保証するというものではありません。「効果があると言われて使ったのに、全然効果がない！」という場合も出てくるかもしれません。

そこで、マジックワード使用にあたってのＮＧ集をここに挙げておきますので、先にご一読することをおすすめします。

【ＮＧ１】相手が理解できない言葉を使う

たとえば、相手が7歳（小学校1年生）だとしましょう。7歳でもＯＳのスペックがすでに高い子もいますが、一般的にはまだボキャブラリーも少ないですし、言葉の意味もあまり知りません。

そのような子に「要するに、どういうこと?」と聞いても、「要するに」の意味がわからなければ意味がありません。

そこで、このような場合には、**「これとこれを見て、同じところ、似ているところはあるかな?」**と問いかけてください。**共通点を見いだせれば、それが抽象化です。**

これでも十分、「要するに?」と同じ作業になります。ですから、相手が理解できる言葉を使った問いかけにしてあげてください。ここまでは何となくわかりますね。

しかし、恐ろしいことに、大人でも言葉の意味がわかっていない人がいるのです。見かけは大人で年を重ねていても、精神年齢は6歳という人もいます。そのような人の特徴に、問いかけても反応しないという点があります。

もし、そのような状態であれば、問いかける言葉の種類を変えていく必要があります。「伝わっているのに反応しない」「もっとちゃんと真剣に聞け!」「真面目に聞いているのか!」と思うときは、相手は意味を理解できていない場合がほとんどだったりするのです。

【NG2】相手が考える前に答える

特に相手が子どもの場合、「なぜだろうね?」と聞いたり、「要するに、どういうことだろう?」と聞いても、「わからない」と答えてくるときが少なくありません。

しかし、人は問われたときに一瞬でも、問われたことに意識が向くため、「考えている」状態になります。ですから、問われた結果、「ん〜、わからない」でOKなのです。この「ん〜」の部分で考えていますから。

重要なのは、問われた結果の〝答え〟ではなく、「考えている」という〝プロセス〟なのです。これが頭脳の活性化を促すということを覚えておくといいでしょう。

そして、「わからない」と答えてきたら、**「私はこう思うけど」**と答えてしまっていいでしょう。考えるプロセスを経てから、相手に答えているので、何も問題ありません。

相手に考えさせることをせずに、はじめから答えてしまうケースが実に多いようです。それは、せっかくのOSのバージョンアップのチャンスを奪っているようなものです。

【NG3】しつこく質問する

相手が大人の場合は少ないのですが、子どもの場合は質問しても乗ってこないことがよく起こります。これも「NG2」と同じように、「問いかける」だけでも相手の頭脳は動いているのだから、それでよしとします。

それをしつこく、さらに質問でもしようものなら、相手は嫌悪感を募らせるだけです。**相手が乗ってこないときは、それで話を終わりにするといいでしょう。**

それでも、それは決して無駄な問いかけではなかったと思っておいてください。

【NG4】相手を育成しようとする

これは少し難しいかもしれません。子どもの育成のためにマジックワードを使っているのに、「育成しようと思わないで」というのは大変なことですよね。

しかし、これがなぜダメかというと、**育成しようと思えば思うほど、言動に圧がかかり、相手に気づかれてしまうから**です。

相手が子どもの場合は、特に注意が必要です。勉強の一環として親が使ってしまうと、かなりの確率で子どもにバレます。

そうではなく、**自然な形で日常会話に織り交ぜるという程度の意識で使ってみてください。**

【NG5】同じ言葉を何度も使う

OSのスペックを上げるためのマジックワードですから、たくさん使えば使うほど、効果があると思いますよね。実際そうなのですが、自分で使っている分にはいいのですが、相手から何度も言われると「しつこい」と思ってしまいます。

ですから、頻繁には使いません。頻繁に使っていると、「お母さん、いつも『なぜなぜ』ばっかり言っているよね」と言われます。

そのようなときは、これらの**マジックワードをご自身で使ってみてください。**子どもや部下の能力を伸ばしたいという気持ちはわかりますが、それが強すぎると相手への「押しつけ」になり、効果が出ないとイライラしてきます。

ですから、人への問いかけで、しつこいと思われるようであれば、ご自身に自問自答して自らの能力開発に使ってみてください。すると、自然な形で、相手への問いかけができるようになるでしょう。

【NG6】すべてを使おうとする

これまでご紹介した5つのマジックワードは比較的使いやすい言葉なので、すべてを使ってみてほしいのですが、次の章でさらに5つのマジックワードが出てきます。

そうすると、真面目な人は、「10個全部使わないといけない！」という強迫観念に襲われることがあります。

そう考えると失敗します。**少しでも、「使わなければ！」という義務感が出てくると、継続もしなくなります。**

ですから、最初はいくつかに絞って、少しずつ使ってみてください。

【NG7】すぐに効果が出ることを期待する

最後に、重要な注意点です。私は以前、『子どもの自己肯定感を高める10の魔法のことば』（集英社）という本を書きました。そこで紹介した「魔法のことば」は、かなり早い段階で効果を発揮することが、これまでの実践例からわかっています。

しかし、本書でご紹介している「ＯＳをバージョンアップするマジックワード」の効果が見えるようになるには、若干時間がかかります。

平均的には、１か月、遅くて３か月です。これは焦っても、しかたのないことです。しかし、この程度の期間でＯＳのスペックが上がるのであれば、長い人生から見たら、早いものかもしれません。こう考えて、すぐに効果が出ることはくれぐれも期待しないでください。

アプローチ2【まとめさせる】のまとめ

2つのマジックワード

「要するに？」

（抽象化思考力）

「たとえば、どういうこと？」

（具体化思考力）

第7章

さらにOSを強化する5つのマジックワード

これまで、ＯＳをバージョンアップする５つのマジックワードをご紹介してきました。

●アプローチ１　「疑問を持たせる」マジックワード――「なぜだろう？」「どう思う？」「どうしたらいい？」

●アプローチ２　「まとめさせる」マジックワード――「要するに？」「たとえば、どういうこと？」

この５つのマジックワードを日常生活で使っていくことで、間違いなく子どもの視点が変わっていきます。

１３５ページにも書きましたが、自己肯定感を引き上げる言葉とは違って、ＯＳをバージョンアップするマジックワードは、今日使っても明日いきなり視点が変わるというものではありません。

しかし、効果のほどはこれまでの数々の実践例から明らかになっていますので、何かしらの変化を実感できるはずです。**その変化を感じたときが、ＯＳがバージョンアップした**

瞬間なのです。

そうなると、人生そのものが楽しくなります。なにしろ、**これまでとは違った〝景色〟が見えるのですから。**

頭脳のスペックを引き上げるマジックワードは、基本的にはこれまで紹介した5つのマジックワードで十分なのですが、学校、仕事場、日常生活で使える場面は、それほど多くないかもしれません。

そこで、この章では、OSをさらに補強するための新たな5つのマジックワードを紹介します。

この5つのマジックワードについては、もちろん相手に使っていくことで相手の頭脳が動くようになるのですが、**まずはご自分に対して自問自答する形でやってみてください。**

自問自答してみると、ご自分の心境の変化と頭脳の変化がよくわかるはずです。

そして、より確信を持って、相手に問いかけることができるようになります。

6「積極思考力」をつくるマジックワード

6つめにご紹介するのは、**「積極思考力」をつくるマジックワード**です。

「積極思考」がなぜOSを強化するのか、不思議に思われるかもしれません。これは、反対のことを考えるとわかりやすいでしょう。

つまり、消極思考をする人の脳は活性化するのか、ということです。学説やエビデンスを引くまでもなく、消極思考を持つ人は勉強も仕事もパフォーマンスが低いと直感的にわかる気がしませんか?

勉強をやりたくない、仕事をしたくないという人が、果たして頭脳が動き、高いパフォーマンスを発揮できるのかどうかは、自ずと答えは明らかでしょう。

ということは、逆に**積極思考をつくってしまえば、頭脳のパフォーマンスは上がる**ということです。世の中では、これを一般に「やる気」といいます。

相手のやる気を出す方法がわからなくて、多くの親や上司は困っているようです。もちろん、こうすれば必ずやる気が出るという、絶対唯一の方法はありません。やる気がない理由は人それぞれだからです。

しかし、**消極思考を積極思考に変えるきっかけになる言葉はあります。**それは、次の言葉です。

OSをバージョンアップするマジックワード6

「楽しむには？」

（積極思考力）

「目の前の超つまらない勉強や仕事、それを楽しむためにはどうしたらいいだろうか？」

と問いかけるのです。すると、楽しむ方法に一瞬、思考が移ります。

この言葉は不思議な力を持っており、人は自然と楽しむ方法を「考え出してしまう」状態になります。

もちろん、結果として楽しめる方法が見つかればいいのですが、もし見つからなくてもかまいません。**一瞬でも思考が変わり、「考える」ということが行われてさえいれば、それでよしとします。**

この「楽しい」は、21世紀の代表的な言葉であり、「楽しめることを仕事にしよう」「楽しみながら勉強しよう」というように、キーワードとしてあちこちで使われています。

しかし、20世紀型の価値観で育った人たちは、「気合い・根性・努力」を美徳とするため、「楽しい」という言葉に嫌悪感を持つ人も少なくありません。

楽しい状態というのは、おちゃらけているイメージを想起されることもあるようですが、どちらかというと、「興味を持って夢中になっている状態」のことをいいます。

実はこの話は、企業研修でもよく使っています。その中でも、最も反響があったお話をご紹介しましょう。

同じ仕事をしていて、なぜ出世に差がつくのか？

ことあるごとに「楽しいね～」という言葉を出していくと、楽しさというものが実感できる場合があります。

しかし、楽しくもないのに「楽しいね～」という言葉を使うのは、抵抗を感じるかもしれません。そんなときは、**「どうすれば楽しくなるか」**を考えます。

事実は一つでも、考え方一つで楽しくなっていくものです。たとえば、次のような場合を考えてみてください。

「毎日、お茶を出すだけの仕事をしている社員がいました。通常、この仕事はつまらないですよね。ただお茶を出すだけですから。毎日、お茶を出すためだけに会社に行っているのは退屈かもしれません。

しかし、ここでユニークな発想を持つ人がお茶出しの担当になりました。その人は、このように考えました。

私が出したお茶で、『このお茶、美味しいね〜』とお客さんの口から言わせてみせる、と。

するとその日から、その人は、お茶の入れ方、出し方、接客の仕方を学びました。そうして、お茶を出す一つひとつの作業が、その人にとってのチャレンジであり、楽しみになりました。

こういう人は、はたから見て、明らかに〝違う人〟なので、お茶の担当にしておくのはもったいないということで、昇進、抜擢されていくものです。おそらく豊臣秀吉は、このようにして出世したのでしょうね」


「ある社員は、毎日コピーばかりさせられていました。通常であれば、そんな単純な作業を毎日やっていたら、その会社を辞めたくなります。

しかし、その社員は、通常の社員とは違っていました。コピーを頼まれてから何分で仕上げられるかをデータ採りしたのです。どうすれば早く無駄なくコピーができるか、さらにコピーをするだけではなく、付箋を貼って内容がわかりやすいように分類するなどの工夫をしました。

つまり、スピードを計測して自分にやる気を起こさせ、さらに付加価値をつくり上げることで、単純な仕事を創造的な仕事に変えていったのです。

そのような工夫をする社員を、会社はそのままにしません。明らかに周囲の社員と〝違う〟からです。そして、早々に抜擢され、より大きな仕事を任されるようになっていくのです」

お茶を出すだけの仕事、コピーだけをするような仕事は、実際にはないと思いますが、上記の内容は、一見多くの人がつまらないと考えがちな作業でも、考え方一つで楽しさに変わるという例として挙げました。

以上のケースは仕事の場面だけでなく、勉強の場面でも同様です。

勉強ができる子は、「頭の中で楽しんで」います。外からは内面が見えないため、普通に勉強しているようにしか見えませんが、実際は頭の中で彼らは「遊んで」います。

たとえば、ゲームの要素を入れてみたり、クイズにしてみたり、語呂合わせでダジャレにしていたりします。

しかし、普通の子どもたちは〝素直〟なので、目の前のつまらなく見える勉強をそのまま「つまらない」ものと受け取ります。このようにして、**同じ勉強をしていてもどんどん差がつくのはおわかりかと思います。その分かれ目のキーワードは「楽しむ」なのです。**

そこで、自然と楽しめないことがあったら、**「どうしたら楽しめるかな？」**という言葉を意識的に使ってみましょう。たとえば次のような感じです。

〈親から子どもの場合〉

親が子どもを「言葉の力」で変えていくのも大事ですが、一番効果的な方法は**「親が楽しんでいる様子を子どもに見せる」**ことです。

親が家事などを楽しんでやっていると、子どもにとってやらなければならないことも楽しんでやる傾向があります。**子どもは親の言うことは聞きませんが、親のやっていること**

を真似し、親の感情を受け取っているものです。

あえて例をあげるとすれば、次のようになります。子どもに「楽しむためには？」と聞くよりも、親が**「うわ、これ楽しそう〜」**と言うのです。

たとえば、子どもが興味を持っていない絵本があるとします。その絵本を見て、親が**「え〜、なにこれ、面白〜い」**といって一人で盛り上がってしまうのです。

すると子どもは、この絵本は面白いのではないかと思い、興味を示してきます。ぜひ試しにやってみてください。

中学受験の場合でも、勉強内容をいちいち教えなくても、子どもがわからないという設問を読んで、**「へー、こんなのやっているんだ〜。すごーい。え、なになに、これってそうなっているんだ〜、へ〜」**と言ってみてください。

すると、子どもに変化が出てきます。これもぜひ試してみてください。

〈上司から部下の場合〉

●「この書類の作成だけどね、どうやったらこの仕事に楽しみを加えることができるかな？」

相手が返答に詰まったら、「わかりやすいと思わせるにはどうしたらいいか、考えてみたらどうだろうか？」「たとえば、カラー化する方法もあるね」「書式よりも、デザインに焦点を当てるのはどう？」などと、**ヒントという形でサポートしてあげるといい**でしょう。

するとそれをきっかけに、楽しみ方のポイントがわかるようになります。

●「営業を楽しむには、どういう考え方があると思う？」

このケースも同様に、ヒントという形で伝えるといいでしょう。たとえば、「どのような人であれば契約しやすいかを考えて、そこに法則があるかを考える」とか、「どのような受付の会社だと業績が良いかを傾向分析し、ブログに書く」などと、営業することが楽しくなるヒントを与えてしまうのです。

〈先生から子どもたちの場合〉

先生から子どもたちの場合も、親子の場合と原則は同じです。先生が楽しんでいると、子どもたちも楽しいのではないかと「錯覚」していきます。

淡々と授業をやったところで、子どもたちは席に座って真面目に授業を受けているように見えますが、実際は思考停止状態です。

では、どうすれば「子どもたちが楽しめるような授業」ができるのかと考えていくと面白いことが起こります。私が行ってきた事例を一つお話ししましょう。

私がかつて、塾で小学生を指導していたときの話です。「100度で水は沸騰して、液体が気体に変わる」という記述が理科の教科書にありました。

通常は、淡々とこれを授業で説明し、せいぜい「100度」という部分をチェックさせるぐらいです。しかし、これでは超つまらないですよね。

そこで、次のようなことをやりました。

その塾には台所があったのですが、まずそこに子どもたちを集めました。コーヒーメーカーのようなガラスの容器があり、そこに水を入れて、次のように言ったのです。

「いいか、みんな。これからものすごいことを目撃することになるぞ！　なんと、この水が消えていく、液体が気体に変わる瞬間を目にすることになるんだ」

こう言うと、子どもたちの目が輝きだします。

そして、容器を火にかけて、水の温度が上がっていくと、ガラスの底の方に泡ができて、「ほら！　これ！　液体から空気みたいのが出てきたぞ！」。

その泡が大きくなって、浮き上がり「ボコッ」と音がしました。この瞬間を逃さず、「これ!!　液体が気体になっていったぞ！」と言ったら、子どもたちから「ウォ〜」と歓声が上がりました。

これって、実は何も大したことやっていません。楽しくする演出をしただけです。

その結果、どうなったと思いますか？

子どもたちから、疑問、質問がたくさん出てきました。「水以外でもこうなるの？」「なぜ100度？」などなど。

つまり、**彼らは楽しんで授業に参加することで興味関心が深まり、自ら「考える」ようになっていったのです。**

〈自分に対しての場合〉

この**「楽しむには？」というマジックワードは、実は自分自身に使うと最も効果を実感できます。**なのでまずは、自分に対して使ってみることをおすすめします。

たとえば、次のように使っていきます。

「毎日の家事、どうしたら楽しめるかな？」
「朝、ワクワクして起きるにはどうしたらいい？」
「毎日、会社に行くのが楽しくなるためには？」
「今のルーティン化した生活を楽しむにはどうしたらいいかな？」

こうやって自問自答すると、「何か」がわき上がってきます。それを「実験」としてやってみるのです。

楽しみを誰かが持ってきてくれると思ってはいけません。**楽しみとは、自分でつくり上げるものです。**

以上のように、さまざまな例を挙げました。

「楽しむには？」――このマジックワードを使うと、**心が前向きになって「積極思考」がつくと同時に、「方法を考える」ようになるため、頭脳のスペックが上がっていく**のです。

7「目的意識力」をつくる マジックワード

7つ目のマジックワードは、**「目的意識」**を高めることで「考える」力を引き出す言葉です。

OSをバージョンアップするマジックワード7

「何のため？」(目的意識力)

世の中、目的もなく行動している人が少なくありません。もちろん、毎日毎日、目的を意識して生活していると疲れてしまうので、それはそれで悪くはないでしょう。

しかし、それが習い性となると、目的を持たなくてはならないときに、考えられなくなるおそれがあります。すると、誰かがつくった目的にただ従うだけになり、従属的な生き方をしなくてはならなくなるでしょう。

目的を意識できないことで一番怖いのは、「思考が停止する」ことです。つまり、OSのスペックが上がらないままでいるということです。

ですから、逆に言えば**「何のためなのか？」という意識を持つようになると、思考が始まり、OSのスペックが上がっていく**ということなのです。

では、「目的意識」が出てくるとどうなるか、具体的に見てみましょう。

人間には目的意識というものが元来備わっているので、目的がわかると、その〝目的地〟に到達するために、途端に頭脳が動き出し、方法を考え出そうとします。

たとえば、旅行に行くとしましょう。「旅行は何のために行くの？」と聞かれて、「世界遺産を見るために行く」「これまでしたことのないパラセーリングをしに行く」「感動体験を味わうために行く」「現地の人々と交流して、文化の違いを知るために行く」など、目的はさまざまだと思います。

しかし、このように目的が最初からあって旅行を企画する人もいますが、旅行会社が組んだツアーに参加するだけという場合もあります。

ツアーでも何か目的はあるでしょうが、参加者はどうしても決められたことに従わざるを得ないため、ツアーに参加しても最後までノルマをこなすだけになりかねません。

これは事実上、「目的」ではないので、頭脳は動きません。旅行中に拾える情報量も少ないことでしょう。みなさんにも、そんなご経験はないでしょうか？

「目的意識」を持つことで、人は主体的になります。その目的を達成するために頭脳が活動し、観察力も高まるので、得られる情報量も圧倒的に増えるのです。

このように、目的を持つことはとても大切なのですが、日々の生活の中で行動がルーティン化、パターン化されていくと、目的を持って行動するという概念そのものがなくなり、何となく活動してしまいます。

そのようなときに問いかける言葉、それが、**「何のため？」**なのです。


たとえば、次のような問いかけです。

〈親から子どもの場合〉

「この勉強は、何を学ぶためにやっているのかな？」

「片づけって、何のためにやるかわかる？」

「このドリルは、何のためにやっていると思う？」

「あなたが嫌いなニンジン、何のために食べたほうがいいと言っているかわかる？」


親から子どもの場合には、注意点が2つあります。

1 子どもが小さいときは、「目的」という概念自体がわからないため、「何のため？」と聞いても、その意味はわかりません。

ですから、目的の意味がわかる年齢になったら、使うようにするといいでしょう。

2 親自身、目的がわかっていない場合があります。たとえば、子どもに「勉強の目的ってなに？」と聞かれたら、どう答えるでしょうか？

「算数の計算問題の目的は？」「理科は何のために学んでいる？」なども、おそらく答えに窮することでしょう。そのような場合は、こう答えてみましょう。

「お母さんも昔勉強やってきたけどね、何のためにやっていたかわかんなかったんだよね。でも、世界中の人が、昔も現在も勉強しているということは、何か意味があるということじゃない？

だって、もし意味がなかったら、とっくに『勉強』なんてなくなっているはずよね。だから、何のために勉強をやっているかには、絶対に答えがあるはずだよね」

「自分（親）はわからないけれど、絶対に目的があるはず」ということを伝えるだけでも、子どもは考え出します。

もちろん、適切な回答ではないかもしれません。しかしここで少なくとも、子どもは「目的」というものがあるはずだということを学びます。それで十分なのです。

〈上司から部下の場合〉

「この仕事、何のためにやっているかわかる？」
「この会社は、何のためにあるか知っているかな？」
「私はこの仕事をきみに任せているけど、それは何のためかわかるかな？」

このような問いかけは通常、仕事中にすることはないかもしれません。おそらく、パターン化された仕事の方が多いことでしょう。

パターン化されると、目的意識は薄くなります。場合によっては、はじめから目的意識がないこともあります。

そこで、部下に**「何のためにこの仕事をしていると思う？」**と聞いてみるのです。おそらく、多くの人は答えられないと思います。

ひょっとしたら、問いかける上司自身がわかっていないということもあるでしょう。そのときは、自分も考える良い機会と思うようにしてください。

「何のためにこの仕事をしているの？」と問われると、しばらくは頭が真っ白になりますが、やがて考え出します。

そのとき、部下の返答内容が拙いものであっても、それなりに考え出された答えですので、とりあえずは尊重します。

非常に表面的な返答であれば、さらに問います。「それって何のためにやっているの？」と。こうすることで、本人は「深く考える」ようになっていきます。

答えた内容が正しいのか間違っているのかということよりも、本人が「考える」という状況が生まれることが大切なのです。

〈先生から子どもたちの場合〉

先生が子どもたちに問いかける場面は非常に多いことでしょう。子どもも、親から言われるよりも先生から問われた方が積極的に考えるようになります。

たとえば、次のような問いかけがあります。


「この文化祭のイベントは、何のためにやるんだろうね？」

「朝読書って、何のためにやるかわかるかな？」

「修学旅行は何のためにやるのかな？」

「この実験は、何のためにやるのでしょうか？」

「学校の成績って、何のためにつけているかわかる？」


基本的に、これらの質問に子どもたちは明確には答えられないでしょう。でも質問をすることで、「目的って何だろう？」という意識は生まれます。

それが教育なのですが、さらに一歩進んで、先生は子どもたちにこれらの回答を教えてあげましょう。学校の活動にはすべて目的があり、それを教員は知っているはずです。しかし、多くの場合、目的を言わずに進めてしまうことがあります。目的がわからず淡々とやることを、子どもたちは本能的に嫌います。

ですから、子どもたちがわかるレベルの言葉を使ってわかりやすく、「何のためにやっているか」を伝えるといいでしょう。最初から答えを伝えるのではなく、**「問いかけたうえで伝える」という手順で行うことで、子どもたちの頭脳のOSアップグレードに貢献できる**のです。

〈自分に対しての場合〉

この「目的意識」を問うマジックワードは、**自分自身に問いかけるのが最も効果的**です。

●「自分は何のために会社に行っているの？」

「お金のため？」「しょうがないから？」「なんとなく？」「やめられないから？」「みんなが行っているから？」「自分のやりたいことを実現するため？」と、どんどん思考が続いていきます。

●**「私は子育てを、何のためにやっているの？」**

「親だから？」「やらなければならないから？」「子どもを幸せにするため？」「良い学校に入れるため？」「自分が責められないために？」「自分が楽しむため？」

●**「私は何のために、毎日料理をしているの？」**

「お腹を満たすため？」「やらなければならないから？」「栄養を摂るため？」「健康になるため？」「家族が笑顔になるため？」

●「私は何のために、学校で子どもを指導しているの？」

「教えることが好きだから？」「子どもを育てるため？」「仕事だから？」「行かなくてはならないから？」「なんとなく向いているから？」

このように自分に問うてみましょう。深い目的、浅い目的、いろいろあることでしょう。何度も言いますが、出てきた目的の良し悪しは重要ではありません。**「目的って何だろう？」という意識を持つことが重要**なのであって、その瞬間から頭脳が動いていきます。このような積み重ねによって、ＯＳがアップグレードしていくのです。

さらに、この「何のため？」というマジックワードには副産物があります。**目的がわかると、「人は納得しやすく、行動に移しやすい」**ということです。やる気がない人に目的を考えさせるだけで、スイッチが入り行動するようになったという事例は枚挙に暇がありません。

8「原点回帰力」をつくるマジックワード

8つめは、**「原点回帰のマジックワード」**です。

話をしていて、話題が拡散して結局何が言いたいかわからなくなることってありますよね。いわゆる「横道にそれる」というものです。

それはそれで楽しいのですが、せっかくであれば、このようなときこそOSのバージョンアップのチャンスと考え、マジックワードを使ってしまいましょう。

OSをバージョンアップするマジックワード8

「そもそも、どういうこと？」

（原点回帰力）

この言葉によって、**話の原点に戻ることができます。**

では、原点に戻るとどういう効果があると思いますか？

これは、樹木で考えるとわかりやすいです。

木には幹があり、枝があり、葉があります。会話や文章というのも、このような構造で成り立っています。つまり、話の出発点である「幹」があり、それを説明する「枝」があり、さらに具体的事例である「葉」があります。

このように体系的に話ができていればいいのですが、話が個別例になりすぎてよくわからなくなったり、横道にそれたりすることがよくあります。

次ページの図でいえば、「話が個別例＝木の葉っぱの最先端（ピンポイント）」で、「横道にそれた話＝地面に落ちた葉っぱ」です。

そこで、「そもそも？」という言葉を使います。すると、「この葉っぱはどの枝についていた？」となり、〝幹〟に戻ることができるのです。

それと同時に、全体像が把握できるようにもなります。全体像が見えると、人は理解力

例
例
例
例
例
テーマ

が格段に上がります。歴史の勉強は、まず「漫画日本の歴史」で全体をつかんでしまうとできるようになることと同じ原理です。

このように、話がよくわからなくなったときに、このマジックワードを使って「そもそもどういう話だったかな?」と問うことをすれば、頭脳は勝手に原点に回帰し、全体像を把握していきます。

「原点回帰」、これは仕事の場面で部下を指導しているときも、混乱してきたら使ってみてください。言いたいことがわかるだけでなく、部下の頭脳のOSのアップグレードにも貢献します。

〈親から子どもの場合〉

(子どもがケンカをしたとき)**「そもそも、どういうきっかけで始まったの?」**

(学校の嫌なことをたくさん話しているとき)**「そもそも、最初はどうだったの?」**

（算数が嫌いな子に）**「そもそも、算数が嫌いになったきっかけって何だったのかな？」**

3つ目の問いによって、算数が苦手になったきっかけがわかり、その後、伸びていく場合があります。なぜなら、嫌いになるきっかけというのは、実際はたいしたことではなかったりするからです。

すると、実は算数が嫌いになっていたのは錯覚だったということがわかるようになるのです。

このように、私は**苦手科目を克服させる手段として、「そもそも」で根本に戻るメソッドをよく使っています。**

〈上司から部下の場合〉

「この案件はそもそも、どういう経緯でこちらにきたんだっけ？」

（仕事がつらいと言ってきた部下に）**「きみはそもそも、何がしたくてこの会社に入社し**

たんだい？」

（話が横にそれたときに）**「この相談はそもそも、どういう話だった？」**

〈先生から子どもたちの場合〉

「そもそも、この『本能寺の変』ってなぜ起こったのかな？」

「主人公はそもそも、なぜそういう行動をしたいと思っていた？」

（算数の問題で）**「そもそも、この問題は何を答える問題だった？」**

算数の応用問題や複雑な問題では、３つめの質問のように問いかけることがかなり有効です。

〈自分に対しての場合〉

「そもそも、私の今のイライラって何がきっかけだっけ？」

「子育てがつらいと思ってしまうけれど、そもそも子どもが欲しいと思ったのはなぜだった？」

「今の仕事を選んだのは、そもそもなぜだったかな？」


いかがでしょうか。「そもそも」という言葉を使うと、原点に戻っていきますね。

原点に戻るためには頭脳を動かさなくてはなりませんが、この言葉にはもう1つのメリットがあります。

それは、**「自分の軸」を構築できる**ということです。軸ができると、不要な情報に振り回されることなく、自分のやりたいことを貫けるようにもなります。


言葉ひとつで、人生は本当に変わります。ぜひ、使ってみてください。

9「仮説構築力」をつくるマジックワード

9つめは、**「仮説構築力」**を引き出すマジックワードです。仮説構築とは、**「もし〜どうする（どうなる）？」**と考えることです。

これは**「If〜whatの法則」**とも言われていて、世の中でもある程度知られている法則です。

企業でいえば、「リスクマネジメント」の考え方に活用できるほか、新規事業の開発につながるクリエイティブな発想を引き出すときにも使います。


OSをバージョンアップするマジックワード9

「もし〜どうする（どうなる）？」（仮説構築力）

〈親から子どもの場合〉

このマジックワードは、**子どもとの会話では楽しく使えるため、遊びながら使ってみてください。**特に、子どもの創造力や好奇心を引き出すことに効果的ですから、ぜひ試してみるといいでしょう。

たとえば次のような問いをすると、子どもたちはかなり乗ってきます。

「もし1年間電気がないことになったら、どう生活する？」

「もし自分が親だったら、こういうときはどうする？」

「もし浦島太郎が玉手箱を開けなかったら、どうなってたと思う？」

「もし桃太郎で犬がいなかったら、どう戦う？」

「もし桃太郎で鬼が赤ちゃん鬼を抱えていたら、桃太郎はどうしただろうか？」

〈上司から部下の場合〉

「もし大規模災害が発生したら、わが社はどのように対応するか？」
「もしもこの案件が取れない場合、どのような対策を立てる？」
「もし自動運転車が来年から実用化されるとしたら、わが社はどう対応する？」

企業の社長は、基本的にいつもこのようなことを自問自答しています。「もし不景気になったらどうするか？」「もし人手が足りなくなったらどうするか？」――このような発想をいつも働かせて、リスクヘッジを考えているのです。

もちろん、そのあと具体的に行動するかしないかで、その企業の運命は分かれますが。

〈先生から子どもたちの場合〉

「もし算数がこの世になかったらどうなる?」

「もし英語が自由に話せるようになったら、きみたちはどうしたい?」

「もし20年経って、きみの子どもがこの小学校に通うとしたら、どういう学校になっていると思う?」


歴史には「もし」がないと言いますが、**歴史でもあえて「もし」を使ってしまうのも、**クリエイティビティの楽しい訓練になります。


「もし本能寺の変がなければ、どうなっていたかな?」

「もし平家が鎌倉時代をつくっていたら、その後の歴史はどうなった?」

「もし坂本龍馬が暗殺されていなかったら、その後何をやっただろう?」

〈自分に対しての場合〉

「もし車がなかったら、どういう生活をするだろうか？」

「もし年収が今の倍になったら、どういう働き方をするだろう？」

（今、子どもが２人で）**「もし子どもが４人いたら、どういう生活になるだろうか？」**

「もし自分が最高にハッピーなら、毎日をどう過ごすだろうか？」

「もし自分の命があと１年だったら、どういう毎日を過ごすだろうか？」

このマジックワード「もし～どうする？」を自分に対して使うことは、ＯＳのスペックを上げる以上に大きな意味を持っています。

たとえば、「年収が倍になったら？」という問い。本当に年収が倍になったら、今の働き方と変わるはずですよね。それで、いま実際に働き方を変えてしまうと、実際に年収が上がっていくという法則があるのです。

なぜなら、働き方を実際に変えることで潜在意識が変わり、高いパフォーマンスを発揮するようになるからです。その結果、年収が上がっていく確率が高くなるのです。

また、子どもが2人しかいないのに4人いたらどうなるかと考えると、今の2人は随分と楽だということになります。**今よりも厳しい状況を「もし～どうする?」で表現し、相対化してみることで、現状が楽に感じることを狙った効果**もあります。

さらに、「自分があと1年しか生きられなかったら?」という表現は、アップルをつくったスティーブ・ジョブズの「もし今日が人生の最後の日ならどう生きるか?」に似たものですが、こう仮定すると、生き方が変わっていくということもあり得るのです。

このように、**このマジックワードは、頭脳のOSのスペックを引き上げるのみならず、人生のステージを上げていく効果もある**のです。

10 「問題意識力」をつくるマジックワード

「問題意識力」。これは、企業でよく聞かれる言葉です。大学で論文を書くときにも多少使われますが、小中高校時代にはまったく聞かれない言葉と言ってもいいでしょう。問題意識を持つというよりも、「言われたとおりやっていればいい。疑問は持たなくていい」と言わんばかりの教育が基本になっているからです。

私は、そういった教育のあり方に危機感を持っています。「自分の頭で考える」という習慣を持てなくなってしまうからです。

今後、当たり前のことがどんどん当たり前ではなくなっていく時代、**当たり前に思っているいることを疑う思考スキルが必要になります**。

というわけで、いよいよ最後のマジックワードです。

OSをバージョンアップするマジックワード10

「本当だろうか?」(問題意識力)

この言葉には、**「常識を疑う」**という意味もあります。「疑う」という言葉は、一般的にはポジティブな意味ではあまり使われません。逆に、「誰かを疑うようなことをしてはいけません」と戒められるときに使われたりします。

これまでは、何でも素直に受け止めるのも悪くはありませんでしたが、つねにそればかりだと思考停止状態になりかねません。

「疑う」という意味での問題意識が持てるようになると、人は考えるようになります。自分の頭で考えることで、新たな発見や新たな方法が生み出されていきます。**発明・発見の原点は「問題意識」なのです。**

また、**「これっておかしくないだろうか?」**と思うことで、だまされる可能性も低くなるでしょうし、トラップにハマりにくくなるという効果もあるでしょう。

しかしながら、その一方で、何でも疑っていると逆に問題が起こります。何事も程度というものがあります。

何でも疑う人になってしまうと、人が近づかなくなり、孤立しかねません。そのような人を、多くの人は面倒臭い人と思うからです。

ですから、このマジックワードは極めて重要なのですが、少々注意が必要ではあります。

ちなみに、子どもが10歳ぐらいまでは、「疑う」マジックワードは使用されない方がいいでしょう。問題意識力の醸成は、世の中のことがある程度わかってきてから行うのが効果的だからです。

ではこれから、具体的な使い方をご紹介しますが、これまでのマジックワードと異なり、「上司→部下」「親→子ども」という形で使うよりも、**まずは自分自身に対して使ってみることをおすすめします。**

なぜなら、このマジックワードは前述のように、気をつけないと人間関係に不和をもたらす危険があるからです。言い方に気をつけないと、相手は責められている、否定されていると感じ、問題が起こりかねないのです。

ですから、まずは他人にではなく、自分自身に対して使ってみてください。そうすると、これまでと違った視野が開けることがわかります。**実体験が完了してはじめて、第三者に使うことができる**のです。

〈親であれば〉

「この家事って、本当に私しかやれないの?」

(↓作業分担できるんじゃない?)

「子どもに勉強しろと言う自分がいるけれど、本当に子どものために言っているの?」

(↓実は、私が安心したいから?)

「周囲のママ友は中学受験するのが常識みたいに言っているけど、本当にそれって常識?」

（↓ただみんなに合わせているだけなのかな？）

「勉強しなさいと言っているのに、全然勉強しないということは、このやり方、本当は正しくないんじゃない？」

（↓何度も言っても効果がないのなら、その方法が間違っているのではないか？）

「親ががんばらないと、子どもがダメになるっておかしくない？」

（↓自分が無理せず、今のままでいいのでは？）

〈ビジネスマンであれば〉

「うちの会社の売上が上がらないのは、本当に人手が不足しているからか？」

（↓効率が悪いからなのでは？）

「本当に自分だけが大変なの？」

（↓隣の芝生は青い可能性もある？）

「気合い、根性、努力で本当に成功するのか？」

（↓努力すると報われると思い込まされているだけでは？）

「上司が言っていることは、本当に正しいの？」

（注意：これはイエスマンにならないという意味で使っているもので、上司に反抗するためには使いません）

「本当に朝９時出社である必要はあるのか？」

（↓昔からやっているというだけの理由かも）

「本当にこの事業を継続する意味はあるのだろうか？」

（↓惰性で続けているだけ？）

「クレーマーは本当に相手の問題なのだろうか？」

（↓受け手側にも問題はないだろうか？）

〈学校の先生であれば〉

「板書の内容を全員にノートに書き写させるのっておかしくない？」

（↓全員が同じことをやるのは意味がない↓別の手段はないか？）
「『覚えてきなさい』というのに、覚え方を教えていないのっておかしくない？」
（↓方法を教えていないのにやれというのは無謀では↓方法を教えるようにしよう）

いかがでしょうか。「当たり前のことを疑う」のは、本当に大事です。実に多くの人が日常ハマっている思考のトラップがあるからです。

「いつもやっているから」「昔からやっているから」「みんながやっているから」というのが正しいとは限りません。もしそれらが正しければ、みんな成功してハッピーなはずです。

特に、ＩＴも驚くべき速さで進化している新しい時代において、ずっと古いやり方に固執していて、さらにそれに無自覚の状態であれば、浦島太郎のように、自分が時代錯誤なことに気づいたときのダメージは大きいでしょう。

最後にもう一度言いますが、何でも疑うことがいいわけではありません。

しかし、**折に触れて「これっておかしくない？」という言葉をかけることで、思考がリセットされていきます。**

そして、「考える」ことが始まり、頭脳のＯＳのスペックが上がっていくのです。

さらにOSを強化する【声かけ】のまとめ

5つのマジックワード

「楽しむには?」（積極思考力）

「何のため?」（目的意識力）

「そもそも、どういうこと?」（原点回帰力）

「もし～どうする（どうなる）?」（仮説構築力）

「本当だろうか?」（問題意識力）

おわりに

いよいよ本書も最後になりました。ここで、本書のまとめと最後にお伝えしたいことを書いておきたいと思います。

本書のまとめ

「同じ勉強をしているのに、なぜ差がついてしまうのか？」の理由は、おわかりいただけたことと思います。

「まとめ」として、本書の流れを振り返っておきますね。

1 「同じ勉強をやっていて差がつく」のは、「日常から頭が動いているか、いないか」による

2　これが自動的にできるかどうかは、「頭脳のOSのスペックの差」による
3　「頭脳のOSのスペックの差」とは、「考える力の差」である
4　「考える力」は、第三者からのアプローチによってバージョンアップできる
5　第三者からのアプローチとしては、「10のマジックワード」を投げかけるのが有効

つまり、

「10のマジックワードを投げかけることで、『自分の頭で考える力』を引き上げることが可能。
それを日常で行ってしまおう」

が本書の内容でした。

頭脳のOSのスペックが上がると、どのような世界が生まれるのか？

これまで、「頭脳のOS」という言葉を使ってきました。要するに「考える力」のことですが、頭脳のOSがアップデートされていくと、異なった世界が見えてきます。

それはどういう世界かというと、次のようなものです。

1　争いやいじめがなくなる

第6章で「抽象度」の話をしました。抽象的に見ることができれば、見える世界が変わってきます。

具体的な世界というのは、「違い」しか見えません。すると、比較・争いが起こります。

本書では犬を例に挙げて、比較・争いについて書きました。子どもの世界では「いじめ」がそれにあたります。

「いじめ」は、自分との違いしか見えていない人が行う行為です。自分と同じ部分が見えていれば、いじめは起こりません。一般的に、子どもは抽象度が低いため、「あの人は耳がでかい」とか「話し方が変」といったように、すぐ「違い」ばかりを強調します。

このような具体的な違いばかりしか見えない人はそれを言葉にしたり、行為で示したりします。これがいじめの根幹なのです。

しかし、**抽象度が上がれば、つまり上から見ることができれば、下はみな同じグループ、種類であることがわかります。**

抽象度の高い人は、違いも見えていますが、その違いを評価することができます。人を責める、区別するという次元の低いことはしないのです。

だから、抽象的に物事を見ることができる人が増えれば、争いやいじめはなくなっていくと思うのです。

一方で、「あの人は頭がいいのに、人と比較・争いをしていたり、人を蔑んだり、非難・批判している」という人もいます。要するに、頭はいいのに、いやな奴という人です。

実はこのような人は、本当の意味で頭がいい人とは言えません。ただの暗記でもある程度は得点できますし、ルーティン仕事もできるでしょう。たまたま出世してしまった可能性もあります。

本当に頭脳のＯＳのスペックが高い人は、比較・争いはしないものです。

２　正しい努力が報われるようになる

努力しても報われないということがあります。それは、方法が間違っているということなのです。間違った方向に努力しても、結果は間違った目的地に到着するだけです。

「同じ勉強をしていて、なぜ差がつくのか？」の理由を知ることで、努力すべき方向が見えてきます。

ですから、努力の量が足りなかったのではなく、努力する方向が違っていたということなのです。そうすることで、努力が報われるという状態になります。人によってその結果の大小はあるでしょうが、少なくとも報われないということはなくなるでしょう。

３　自己肯定感が上がりだす世界になる

「はじめに」でも書きましたが、私が本書を書いた最大の目的は、自己肯定感が高い人をたくさん世に出していくことです。

しかし、国際比較のデータからもわかるように、日本には自己肯定感が低い人が多数います。

なぜそうなってしまったのか理由はさまざまでしょうが、**他者との比較から生まれていることは間違いないでしょう。**

比較をするのであれば、他者とではなく、自分の中での比較をするのです。**「自分の中でイケてる部分を見つけ、それを伸ばす」「過去の自分より伸びている部分を見つけ、それをさらに伸ばす」**の2つが人財育成のコツなのですが、どうしても人は他者と比べたがります。

しかし、頭脳のOSのスペックが上がりだすと、その比較はなくなるのと同時に、自己肯定感が上がりだすようになることでしょう。

自己肯定感が上がれば、人に優しくできるようになります。自分が満たされているからです。

人間は、自分の心にあるものと同じものを探す傾向にあるので、**自分の心が満たされると、相手の長所が見えるようになります。**逆に、自分の心が満たされていないと、相手の短所が見えはじめます。

ですから、**自分の心を満たすうえでも、自己肯定感を上げるのは大切なのです。**

このような話を最後にしたのは、頭脳のスペックが上がることで、「偏差値が上がってうれしい」「出世できた」「収入が上がった」といった表面的な成果だけでなく、もっと深いことが達成できるということをお伝えしたかったからです。

同じ年数の人生を歩むのであれば、より楽しい、よりワクワクがある人生にしたいものです。それは、**ちょっとした「問いかけ」によって、物の見方を変えてしまうことでできる**ということをぜひ知っておいてください。

本書でも何度か触れましたが、まずはご自身に問いかけてみてください。自分の頭のスペックが上がった感覚を得てみましょう。完璧な自分をつくるのではなく、楽しむ感覚でです。

そして、そのあとに子どもや部下など第三者に対する「教育」で使ってみてください。

最後に、これだけはやってみてください

本書では、かなり多くのことを書きました。

最後の最後に、次のようなことをおすすめします。

重要なポイントにマーカーを引いたり、付箋を貼ったりする場合、それが多くなりすぎて、頭パンパン、お腹いっぱいになってしまって、結局何も実行できないという状態で終わってしまうことがあります。それはとてももったいないことです。

そこで、**「やってみたいことを（最大）３つ」**に絞ってみてください。最大3つなので、1つでもいいです。

1つでも実践できると、何かが変わっていきます。

今回は次の10のマジックワードをご紹介しましたが、これもいきなりすべてを使うというよりも、まずは2つ、3つぐらいがいいでしょう。

「使わなければならない」のではなく、「使ってみたい」ものを2つ、3つ選んでみてくださいね。

1「なぜだろう？」（原因分析力）

2「どう思う？」（自己表現力）

3「どうしたらいい？」（問題解決力）

4「要するに？」（抽象化思考力）

5「たとえば、どういうこと？」（具体化思考力）

6「楽しむには？」（積極思考力）

7「何のため？」（目的意識力）

8「そもそも、どういうこと？」（原点回帰力）

9　「もし～どうする（どうなる）？」（仮説構築力）

10　「本当だろうか？」（問題意識力）

選んだら、忘れないうちに次のページに書き出してください。

私が使ってみたいマジックワード

①

使ったらチェック！
□

②

使ったらチェック！
□

③

使ったらチェック！
□

これで本書は終わりになります。

最後までおつき合いくださり、ありがとうございました。

一人でも多くの方が、「学びって楽しい、おもしろい」「自分ってすごい」と思える人生を送れますように。

また、どこかでお会いできます日を楽しみにしております。

横浜のカフェにて
石田勝紀

同じ勉強をしていて、なぜ差がつくのか？

「自分の頭で考える子」になる10のマジックワード

発行日　2020年2月25日　第1刷
　　　　2020年6月5日　第3刷

Author　石田勝紀

Book Designer　鈴木大輔　仲條世菜（ソウルデザイン）

Publication　株式会社ディスカヴァー・トゥエンティワン
〒102-0093　東京都千代田区平河町2-16-1平河町森タワー11F
TEL　03-3237-8321（代表）　03-3237-8345（営業）
FAX　03-3237-8323
http://www.d21.co.jp

Publisher　谷口奈緒美
Editor　三谷祐一

Publishing Company
蛯原昇　梅本翔太　千葉正幸　古矢薫　青木翔平　志摩麻衣　大竹朝子　小木曽礼丈
小田孝文　小山怜那　川島理　川本寛子　越野志絵良　佐竹祐哉　佐藤淳基　佐藤昌幸
竹内大貴　滝口景太郎　直林実咲　野村美空　橋本莉奈　原典宏　廣内悠理　三角真穂
宮田有利子　渡辺基志　井澤徳子　藤井かおり　藤井多穂子　町田加奈子

Digital Commerce Company
谷口奈緒美　飯田智樹　大山聡子　安永智洋　岡本典子　早水真吾　三輪真也　磯部隆
伊東佑真　王廳　倉田華　小石亜季　榊原僚　佐々木玲奈　佐藤サラ圭　庄司知世
杉田彰子　高橋雛乃　辰巳佳衣　谷中卓　中島俊平　西川なつか　野﨑竜海
野中保奈美　林拓馬　林秀樹　牧野類　元木優子　安永姫菜　中澤泰宏

Business Solution Company
蛯原昇　志摩晃司　野村美紀　藤田浩芳　南健一

Business Platform Group
大星多聞　小関勝則　堀部直人　小田木もも　斎藤悠人　山中麻吏　福田章平　伊藤香
葛目美枝子　鈴木洋子

Company Design Group
松原史与志　井筒浩　井上竜之介　岡村浩明　奥田千晶　田中亜紀　福永友紀　山田諭志
池田望　石光まゆ子　石橋佐知子　齋藤朋子　俵敬子　丸山香織　宮崎陽子

Photo by　Westend61／ゲッティイメージズ
Proofreader　文字工房燦光
DTP　有限会社一企画
Printing　日経印刷株式会社

ISBN978-4-7993-2589-6